KB275999

신중성 프랑스어
귀가 열리면
입이 열린다
DELF A1
VERS LA FRANCE

신중성 프랑스어

귀가 열리면
입이 열린다 DELF A1

VERS LA FRANCE

초판1쇄발행 2011년 11월 15일
개정4쇄발행 2016년 1월 27일

저   자   신중성 저
발 행 인   윤우상
책임편집   최준명, 윤병호
북디자인   DesignDidot 디자인디도
발 행 처   송산출판사
주   소   서울특별시 서대문구 홍제 2동 104-6
전   화   (02) 735-6189
팩   스   (02) 737-2260
홈페이지   http://www.songsanpub.co.kr
등록일자   1976년 2월 2일. 제 9-40호

ISBN   978-89-7780-183-7   13760

신중성 저

송산출판사

Avant-propos

프랑스어 초급자들을 위한 문법 & 기초 청취 연습 교재를 출간하게 되어서 기쁘다. 사실 프랑스어를 오랫동안 강의를 하면서 프랑스어를 처음 시작하시는 분들에게 정확한 발음과 청취 연습을 할 수 있는 교재를 만들어야겠다고 늘 생각했었다. 이에 본 교재를 늦게나마 출간하게 되었다. 이 교재는 시리즈로 기획되어 있어 왕초보 청취 과정부터 고급 청취까지 체계적으로 공부할 수 있도록 출간될 예정이다. 우선 왕초보 및 기초 과정을 위한 교재를 출간하게 되었다.

본 교재의 특징은 처음부터 끝까지 줄거리가 있는 내용으로 되어 있어 재미있게 청취를 학습할 수 있도록 되어 있으며, 청취와 더불어 문법도 체계적으로 정리할 수 있어 종합적으로 학습할 수 있다는 것이다.

프랑스어 청취 실력을 늘리기 위해서는 간단한 회화 중심으로 되어 있는 교재로는 사실 많은 어려움이 있다. 그래서 이 교재는 회화 중심과 더불어 이야기 중심으로 되어 있어 줄거리가 있는 짧거나 긴 지문들을 통하여 청취력을 전반적으로 키울 수 있다.

본인의 프랑스어에 대한 평소의 소견은 평이한 것을 완전히 이해하는 것만이 프랑스어를 깊이 있게 알 수 있는 길이라고 보며, 또한 프랑스어 특유의 발음법과 문법 및 구문만이 갖는 날카로운 예지와 정확함을 빨리 몸에 배도록, 처음 프랑스어를 시작할 때부터 정확하게 종합적으로 공부해야 한다는 것이다.

우선 왕초보 및 기초자들을 위한 본 교재를 출간하며 빠른 시일 내에 여러분의 프랑스어 청취에 큰 보탬이 되도록 다음 단계의 시리즈 책들을 출간할 예정이다. 청취 중심의 문법, 독해 시리즈인 본 교재들을 통하여 여러분이 좀 더 가까이 프랑스어에 깊은 애착을 느낄 수 있기를 바란다.

끝으로, 이 교재를 출간하는데 교정 등 많은 도움을 주신 (주) 신중성 관계자 및 종로 신중성어학원 리나최 부원장님, 그리고 원어민 대표 강사 Julien 님에게 고마운 마음을 전한다.

아울러 프랑스어 보급과 교재 편찬에 항상 많은 관심을 갖고 계신 송산 출판사 윤우상 사장님과 윤병호 과장 및 최준명 대리님에게도 심심한 감사의 마음을 표한다.

신중성

1

Il marche vers le réfrigérateur.

🎧 미리 한 번 들어 보아요.

Le frère regarde la sœur.

Est-ce que le garçon regarde la chaise?

Est-ce que la radio marche?

et il allume la télévision

Il marche vers le réfrigérateur.

Il marche de la table à l'étagère.

et il écoute la radio

Est-ce qu'il marche de la porte à la fenêtre?

Il marche vers la porte.

Il marche vers la fenêtre.

ÉCOUTER

Pierre regarde Marie.
Le frère regarde la sœur.

Le garçon regarde la fille.
Il regarde Marie.

Est-ce que Pierre regarde Marie?
Oui, il regarde Marie.

Est-ce que le garçon regarde la chaise?
Oui, il regarde la chaise.

Est-ce que Pierre marche?
Oui, il marche.

Est-ce que la radio marche?
Oui, elle marche.

Pierre marche de la chaise à la table et il allume la télévision.
Il marche vers le réfrigérateur.

Il marche de la table à l'étagère et il écoute la radio.
Il marche vers la porte.

Est-ce qu'il marche de la porte à la fenêtre?
Oui, il marche de la porte à la fenêtre.

Il marche vers la porte.
Il marche vers la fenêtre.

 **듣기**

삐에르는 마리를 바라본다.
오빠는 여동생을 바라본다.

소년은 소녀를 바라본다.
그는 마리를 바라본다.

삐에르는 마리를 바라봅니까?
예, 그는 마리를 바라봅니다.

소년은 의자를 바라봅니까?
예, 그는 의자를 바라봅니다.

삐에르는 걷고 있습니까?
예, 그는 걷고 있습니다.

라디오는 작동이 됩니까?
예, 그 것은 작동이 됩니다.

삐에르는 의자에서 부터 테이블까지 걷고 TV를 켠다.
그는 냉장고 쪽으로 걷고 있다.

그는 테이블에서 부터 선반까지 걷고 라디오를 듣는다.
그는 문 쪽으로 걷고 있다.

그는 문에서 부터 창문까지 걷고 있습니까?
예, 그는 문에서 부터 창문까지 걷고 있습니다.

그는 문 쪽으로 걷고 있다.
그는 창문 쪽으로 걷고 있다.

알고가요

regarder : 바라보다 – 1군 규칙 동사

le frère : 오빠, 남동생

la sœur : 여동생, 누나

le garçon : 소년, 젊은이, 아들, (까페 등) 종업원

la fille : 소녀, 딸, 미혼 여성

Oui : 예 (↔ Non)

la chaise : (팔걸이 없는) 의자

marcher : 걷다, (기계 등이) 작동하다 – 1군 규칙 동사

et : 그리고 (뒤 쪽으로는 절대로 연음이 되지 않는다.) – et / il allume

la télévision : 텔레비전 (= la télé)

allumer : (TV, 라디오, 불 등을) 켜다

vers : ∼쪽으로, ∼를 향하여, (시간 앞에서) ∼경

le réfrigérateur : 냉장고

l'étagère (f.) : 선반, (여러 층으로 된) 가구, 책장

écouter : 듣다 – 1군 규칙 동사

la porte : 문, 출입구

la fenêtre : 창문, (컴퓨터 화면 상의) 창

 조금만 더

- **il :** 그는, 그 것은 – 앞에서 한번 나온 명사를 대신해서 받는 대명사로서 3인칭 남성 단수형을 받는다. 사람, 사물의 구별없이 쓰인다. (↔ **elle** 그녀는, 그것은)

- **de A à B :** A에서 부터 B 까지 (장소와 시간에 다 쓰인다.)

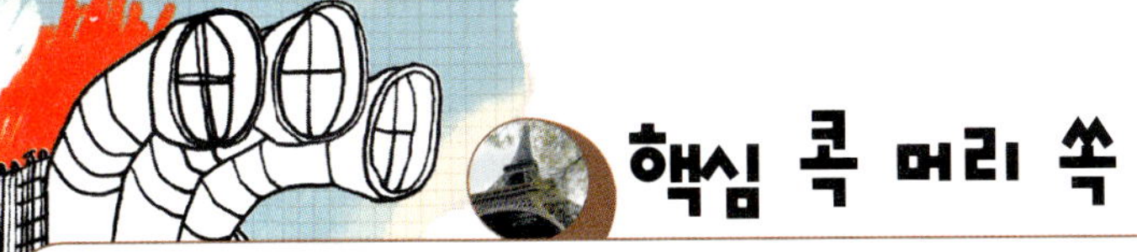

1. 정관사 le, la, les

le : 남성 단수 명사를 수식 – le garçon 소년, le lit 침대
la : 여성 단수 명사를 수식 – la fille 소녀, la table 탁자
les : 남, 여성 복수 명사를 수식 – les garçons, les lits, les filles

불어의 모든 명사에는 성이 있기 때문에, 관사를 붙여서 함께 암기 해야만 된다.
ex la tête 머리, le feu 불, le pont 다리...

2. 부정관사 un, une, des

un : 남성 단수 명사를 수식 – un garçon 소년, un lit 침대
une : 여성 단수 명사를 수식 – une fille 소녀, une table 탁자
des : 남, 여성 복수 명사를 수식 – des garçons, des lits, des filles

3. 프랑스어 동사는 1군 규칙, 2군 규칙, 3군 불규칙 등 3가지로 분류될 수 있는데 그 중 제 1군 규칙 동사 변화법을 살펴보기로 한다.

1군 규칙 동사란 동사의 원형 어미가 ~er로 되어 있는 것으로서 다음과 같이 인칭에 따라 항상 규칙 변화를 한다.

regarder 바라보다

Je regarde	Nous regardons
Tu regardes	Vous regardez
Il regarde	Ils regardent
Elle regarde	Elles regardent

1군 동사 원형 어미인 ~er를 떼고 각 인칭에 따라 어미는 -e, -es, -e, -e, -ons, -ez, -ent, -ent로 규칙 변화 한다. 3인칭 단수 Il과 Elle, 3인칭 복수 Ils과 Elles은 항상 동일 변화한다.

3인칭 복수 어미 -ent는 절대 발음하면 안된다는 것에 주의를 해야 한다.
주격 인칭 대명사 중에서 다음에 모음이 올때 축약이 가능한 것은 1인칭 단수 Je 뿐이다는 것에 주의하자.

J'écoute
Tu / écoutes
Elle / écoute

4. 의문문은 항상 문장 앞에 **Est-ce que**를 붙여서 만드는데, 문어체 표현에서는 주어, 동사를 도치시켜서 만들기도 한다.

Il regarde Marie. 그는 마리를 바라본다.
⇒ Est-ce qu'il regarde Marie? 그는 마리를 바라봅니까?

Le garçon regarde la chaise. 소년은 의자를 바라본다.
⇒ Est-ce que le garçon regarde la chaise? 소년은 의자를 바라봅니까?

Vous regardez la télévision. 당신은 TV를 보고 있다.
⇒ Regardez-vous la télévision? 당신은 TV를 보고 있습니까?

5. 모음과 모음이 겹칠 때에는 앞의 모음을 생략한다.

Est-ce que + Il marche vers la chaise. 그는 의자 쪽으로 걷는다.
⇒ Est-ce qu'il marche vers la chaise? 그는 의자 쪽으로 걷고 있습니까?

6. de ~ à ~ : ～에서 ～까지

Il marche de la chaise à la table. 그는 의자에서 탁자까지 걷는다.

7. 앞에서 한번 나온 명사는 또 다시 쓰지 않고 이를 항상 대명사로 받는다.

Est-ce que Pierre regarde Marie?
Oui, il regarde Marie.

Est-ce que la fille regarde Pierre?
Non, elle regarde Marie.

2

Est-ce qu'elle parle de Séoul avec Pierre?

6 미리 한 번 들어 보아요.

Pierre regarde une photographie et parle à Marie.

La jeune fille parle à Pierre, le jeune homme.

et elle parle à Pierre.

Est-ce qu'elle parle de Séoul avec Pierre?

Oui, elle parle de la photographie de Séoul avec Pierre.

Non, elle ne regarde pas la télévision.

Non, elle n'écoute pas la radio.

elle parle avec le jeune homme

ÉCOUTER

Pierre regarde une photographie et parle à Marie.
Le jeune homme parle à la jeune fille.

Il parle à Marie.
Il parle à la jeune fille.

Pierre parle de la photographie de Paris.

La jeune fille parle à Pierre, le jeune homme.
Marie parle à Pierre.

Elle parle de Paris avec Pierre.
Elle regarde Pierre et elle parle à Pierre.

Est-ce que la jeune fille parle de Séoul?
Oui, elle parle de Séoul.

Est-ce qu'elle parle de Séoul avec Pierre?
Oui, elle parle de la photographie de Séoul avec Pierre.

Est-ce qu'elle regarde la télévision?
Non, elle ne regarde pas la télévision, elle regarde Pierre.

Est-ce qu'elle écoute la radio?
Non, elle n'écoute pas la radio, elle parle avec le jeune homme.

귀가열리면 입이열린다 (Vers la France) 정오표

1. 98쪽 밑에서 7째줄 [ce mois]를 ce mois-ci 로 수정.

2. 103쪽 위에서 2째줄 [8시 15분이다.]를 7시 15분이다 로 수정.

3. 105쪽 위에서 9째줄 [명사에 뒤에]를 명사 뒤에 로 수정.

4. 114쪽 위에서 10째줄 [On se lave]를 On se lave. 로 수정.

5. 130쪽 밑에서 6째줄 [나타태는]을 나타내는 으로 수정.

6. 169쪽 2.의 4)번 [우리는]을 [나는] 으로 수정.

7. 175쪽 밑에서 4째줄 [Dauville]을 Deauville 로 수정.

8. 184쪽 오른쪽 줄 2.의 2) [Il n'y a pas de fleurs dans la vase.]를
   Y a-t-il des fleurs dans le vase? 로 수정.

9. 184쪽 오른쪽 줄 2.의 3) [Il y a pas]를 Il y a 로 수정.

10. 185쪽 오른쪽 줄 첫 문장 맨 오른쪽 [avez voulez]를
    avez voulu 로 수정.

11. 185쪽 오른쪽 줄 2.번의 2) [18]을 16 으로 수정.

12. 187쪽 오른쪽 4째줄 [Dauville]을 Deauville 로 수정.

13. 187쪽 오른쪽 제19과 2.번의 8) [l'été]를 l'hiver 로 수정.

14. 188쪽 오른쪽 16) [le taxi]를 le bus 로 수정.

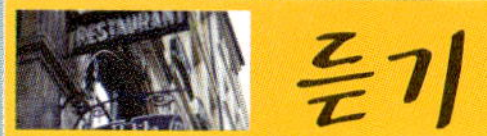 듣기

삐에르는 한 장의 사진을 보고 마리에게 이야기한다.
젊은 남자는 소녀에게 이야기한다.

그는 마리에게 이야기 한다.
그는 소녀에게 이야기 한다.

삐에르는 빠리의 사진에 대해서 이야기한다.

소녀는 젊은 남자인 삐에르에게 이야기한다.
마리는 삐에르에게 이야기한다.

그는 삐에르와 함께 빠리에 대해서 이야기한다.
그녀는 삐에르를 보고 삐에르에게 이야기한다.

소녀는 서울에 대해서 이야기 하고 있습니까?
예, 그녀는 서울에 대해서 이야기하고 있습니다.

그녀는 삐에르와 함께 서울에 대해서 이야기 합니까?
예, 그녀는 삐에르와 함께 서울의 사진에 대해서 이야기 합니다.

그녀는 TV를 보고 있습니까?
아니오, 그녀는 TV를 보고 있지 않습니다. 그녀는 삐에르를 보고 있습니다.

그녀는 라디오를 듣고 있습니까?
아니오, 그녀는 라디오를 듣고 있지 않습니다.
그녀는 젊은 남자와 함께 이야기하고 있습니다.

알고가요

une photographie : 사진 (= une photo)

parler à ~ : ∼에게 말하다 − 1군 규칙 동사

jeune : 젊은, 어린

parler de ~ : ∼에 대하여 말하다

avec : ∼와 함께, ∼ 때문에

un homme : 남자 ↔ une femme 여자

 **조금만 더**

• **ne + 동사 + pas ~ :** ∼이 아니다

ne는 동사 앞, pas는 동사 바로 뒤에 쓰여 부정문을 나타낸다.

ne는 다음에 모음이 오면 모음 축약을 한다.

Elle n'écoute pas la radio.

DELF A1 합격하기

− 일상 생활에서 가장 많이 쓰는 기본 어휘 익히기
un client
un vendeur

− 날짜와 시간 프랑스어로 말하고 쓰기
C'est le 26 mars.
Il est 15h 45.

− 물건의 가격 말하기와 이해 하기
16
40 euros

− 전화 번호, 버스 번호 등의 숫자 말하기와 이해하기
C'est le 01 20 51 82 79.

1. **parler de~** : ～에 대해서 이야기 하다
   parler à~ : ～에게 이야기 하다

   Il parle de la jeune fille. 그는 소녀에 대해서 이야기 한다.
   Il parle à la jeune fille. 그는 소녀에게 이야기 한다.

   Il parle de Paris. 그는 빠리에 대해서 이야기 한다.
   Il parle à Anna. 그는 안나에게 이야기한다.

   도시 이름이나 사람 이름 앞에는 관사가 붙지 않는다.

2. 부정문은 동사의 앞과 뒤에 **ne ~ pas**를 놓는다.

   Il regarde la télévision. 그는 TV를 보고 있다.
   → Il ne regarde pas la télévision. 그는 TV를 보고 있지 않다.

DELF A1 합격하기

- 사람이나 가족, 일들에 관한 간단한 정보 익히기
  Je suis informaticien.

- 간단하게 묘사된 사람이나 장소 이해하기
  Ma fac est loin d'ici.

- 일상 생활에서 해도 될일과 안될 일등을 이해하기
  Il ne faut pas fumer dans un train.

한국 사람들과 대화를 할 때는 보통 상대방이 말하는 것을 충분히 이해를 못했어도 그냥 웃고 끄덕이면 넘어갈 수 있다. 그러나 상대방의 말을 잘 알아듣지 못한 채 넘어가는 것은 한국 사람들에게는 자연스러운게 될 수 있지만, 프랑스 사람들은 이런 행동을 상당히 싫어한다. 자신이 이해를 못하는 부분이 있다면 확실히 재차 물어 보는 것이 오해를 사지 않게 된다. 프랑스어는 외국어다. 못 알아듣는다고 해서 결코 수치는 아니다.

대답이나 맞장구치기가 어려울 때는 하다못해 자신이 상대방의 말을 이해하지 못하겠다는 것을 알리는게 필요하다. 몇 번 되물어 봐도 전혀 이해를 못할 때는 분명하게 Je regrette, mais je ne comprends pas. (죄송합니다만 이해를 못하겠습니다.) 라고 분명히 말해주기 바란다. 이런 상황에서 상대방과의 대화에 긴요하게 쓰이는 표현들에는 다음과 같은 것이 있다.

Pardon, vous pouvez répéter, s'il vous plaît?
죄송합니다만, 다시 한 번 더 말씀해 주시겠습니까?

Pardon, vous pouvez parler plus lentement, s'il vous plaît?
죄송합니다만, 조금 더 천천히 말씀해 주시겠습니까?

Excusez-moi, mais je n'ai pas très bien compris.
죄송합니다만, 잘 이해를 못했습니다.

J'ai très bien compris.
잘 알았습니다.

3

Elle parle au jeune homme.

미리 한 번 들어 보아요.

Elle parle au jeune homme.

Est-ce que Pierre et Marie parlent?

le frère et la sœur regardent ensemble un livre

ils ne marchent pas ensemble

Il marche de la fenêtre au lit.

mais Marie ne marche pas

ÉCOUTER

Marie regarde le jeune homme.
Elle parle au jeune homme.

Le jeune homme parle à la jeune fille et la jeune fille parle au jeune homme.

Est-ce que Pierre et Marie parlent?
Oui, ils parlent de Paris.

Ils parlent de quoi?
Ils parlent de Paris.

Est-ce que Pierre et Marie regardent un livre?
Oui, le frère et la sœur regardent ensemble un livre.

Est-ce que Pierre et Marie marchent ensemble?
Non, ils ne marchent pas ensemble.

Pierre marche de la porte à la fenêtre et de la fenêtre au lit,
mais Marie ne marche pas.

듣기

마리는 젊은 남자를 보고 있다.
그녀는 젊은 남자에게 이야기한다.

젊은 남자는 소녀에게 이야기하고, 소녀는 젊은 남자에게 이야기한다.

삐에르와 마리는 이야기하고 있습니까?
예, 그들은 빠리에 대해서 이야기하고 있습니다.

그들은 무엇에 대하여 이야기합니까?
그들은 빠리에 대해서 이야기합니다.

삐에르와 마리는 책을 보고 있습니까?
예, 오빠와 여동생은 함께 책을 보고 있습니다.

삐에르와 마리는 함께 걷고 있습니까?
아니오, 그들은 함께 걷고 있지 않습니다.

삐에르는 문에서 부터 창문까지, 창문에서 부터 침대까지 걷고 있지만,
마리는 걷고 있지 않다.

알고가요

au : à le의 축약형 (～에게, ～로)

ensemble : 함께 (부사로서 전치사로 주로 쓰이는 avec와 구별된다.)

de quoi : 무엇에 대하여

le lit : 침대

mais : 그러나, 정말, 참 (강조의 의미로 oui나 non 앞에서 자주 쓰인다.)

　　　ex Mais oui! Mais non!

DELF A1 합격하기

- 길 안내 이해하기
  Allez tout droit.

- 상대방이 찬성하는가 반대하는가 이해하기
  D'accord. Je suis pour.

- 간단한 우편 엽서나 e-mail 쓰고 읽기
  Bises. Amicalement.

1. 단축관사 au, aux

à + le → au
à + les → aux
à + la → à la 여성 정관사 단수형 la는 단축이 안된다.

Elle parle au jeune homme. 그녀는 젊은이에게 이야기하고 있다.
Elle parle aux étudiants. 그녀는 남학생들에게 이야기하고 있다.
Elle parle aux étudiantes. 그녀는 여학생들에게 이야기하고 있다.

여학생에는 남학생 étudiant 뒤에 e가 붙는다.

Elle parle à la jeune fille. 그녀는 소녀에게 이야기한다.

뒤에 모음이 올 경우에는 모음 축약을 먼저해 준다.

Elle parle à l'étudiant. 그녀는 남학생에게 말하고 있다.
Elle parle à l'étudiante. 그녀는 여학생에게 말하고 있다.

2. Que (무엇)은 전치사 다음에는 강세형 quoi로 바뀐다.

De quoi parlez-vous? 당신은 무엇에 대하여 말하고 있습니까?
= Vous parlez de quoi?
회화체에서는 주어, 동사 도치없이 말하기도 한다.

Qui(누구)는 전치사 다음에도 변함없이 그대로 쓰인다.

De qui parlez-vous? 당신은 누구에 대해서 말하고 있습니까?
= Vous parlez de qui?
회화체에서는 주어, 동사 도치없이 말하기도 한다.

3. 여성 명사와 남성 명사를 대명사로 함께 받을때는 남성 복수형인 **Ils**로 한다.

Pierre et Marie = Ils : 남성 명사가 하나라도 있으면 Ils로 받는다.

4. 부사의 위치는 원칙적으로 동사 바로 다음이다.

Ils regardent ensemble la télévision. 그들은 함께 TV를 보고 있다.

Le Mont St-Michel

4

Qui est Marie et qui est Pierre?

🎧 미리 한 번 들어 보아요.

Qui est Marie et qui est Pierre?

Pierre est le frère de Marie.

Pierre aussi aime sa sœur.

Ils aiment beaucoup leur maison.

Oui, ils parlent souvent ensemble de Paris.

Que regarde Marie?

Elle regarde la voiture de son frère.

ÉCOUTER

Qui est Marie et qui est Pierre?
Marie est une jeune fille et Pierre est un jeune homme.

Marie est la sœur de Pierre et Pierre est le frère de Marie.

Marie aime son frère, Pierre aussi aime sa sœur.

Marie aime sa maison.
Pierre aussi aime sa maison.
Ils aiment beaucoup leur maison.

Ils parlent souvent de leur maison.

Est-ce qu'ils parlent souvent ensemble de Paris?
Oui, ils parlent souvent ensemble de Paris.

Que regarde Marie?
Elle regarde la voiture de son frère.

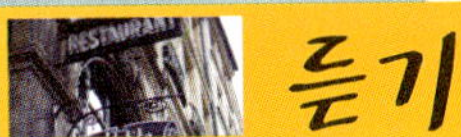 듣기

마리는 누구이고, 삐에르는 누구입니까?
마리는 소녀이고 삐에르는 젊은 남자입니다.

마리는 삐에르의 여동생이고, 삐에르는 마리의 오빠이다.

마리는 그녀의 오빠를 사랑하고, 삐에르 역시 그의 여동생을 사랑한다.

마리는 그녀의 집을 좋아한다.
삐에르 역시 그의 집을 좋아한다.
그들은 그들의 집을 많이 좋아한다.

그들은 그들의 집에 대해서 자주 이야기한다.

그들은 자주 함께 빠리에 대해서 이야기합니까?
예, 그들은 자주 함께 빠리에 대해서 이야기합니다.

마리는 무엇을 보고 있습니까?
그녀는 오빠의 자동차를 보고 있습니다.

알고가요

qui : 누가, 누구를

aimer : 사랑하다, 좋아하다 – 1군 규칙 동사

son : 그의, 그녀의 (남성 단수 명사 앞에서 쓰인다.)

aussi : 역시, 또한

sa : 그의, 그녀의 (여성 단수 명사 앞에서 쓰인다.)

la maison : 집, 건물, 회사, 상점

beaucoup : 많이, 매우

leur : 그들의, 그녀들의 (남성, 여성 단수 명사 앞에서 쓰인다.)

souvent : 자주, 흔히

que : 무엇을

la voiture : 자동차, (기차의)객차

 조금만 더

- **est :** ~이다, ~있다
  3군 불규칙 동사 être의 3인칭 단수형 – 영어의 be 동사에 해당된다.
  Je suis, Tu es, Il est, Elle est, Nous sommes, Vous êtes, Ils sont, Elles sont

1. Qui(누가, 누구를), Que(무엇을)

Qui parle? 누가 말하고 있습니까?

– 주어로 쓰였으므로 '누가'이다.

Qui regardez-vous? 당신은 누구를 바라보고 있습니까?

– 타동사와 다른 주어가 같이 쓰일 경우에는 '누구를' 이란 것에 주의해야 한다.

Que regarde Pierre? 삐에르는 무엇을 바라봅니까?

2. 소유형용사 son, sa (그의, 그녀의)

소유형용사는 피소유물의 성과 수에 일치시킨다.

그의 책 son livre   그녀의 책 son livre – 〈livre가 남성이므로 son만 쓰인다〉
그의 집 sa maison   그녀의 집 sa maison – 〈maison이 여성이므로 sa만 쓰인다〉

복수일 경우에는 성 구분 없이 쓰인다.

ses livres 그의, 그녀의 책들, ses maisons 그의, 그녀의 집들

복수형 leur(그들의, 그녀들의)노 남, 여성 다같이 쓰이므로 변화가 없다.
leur livre 그들의 책   leur maison 그들의 집

3. 1군 규칙 aimer (사랑하다, 좋아하다) 동사 변화

J'aime (모음 축약 주의)   Nous aimons
Tu aimes   Vous aimez
Il aime   Ils aiment

Excusez-moi. (미안합니다.)는 사과의 표현인 것은 확실한데, 프랑스어로는 그렇게 깊이 사과한다는 느낌은 아니다. 이 표현은 영어의 I am sorry. 보다도 훨씬 가벼운 형식적인 말이다. 프랑스인은 원래가 거의 사과하지 않는 국민이므로 Excusez-moi.도 별로 큰 의미가 없는 형식적인 정중한 말로 보면 된다. 책임을 질 정도의 사과 표현은 아니다.

또한, 상대방의 발이 여러분들의 발을 실수로 밟아서 상대방이 사과했을 때의 '괜찮습니다'라는 말은 Ce n'est pas grave.나 Ce n'est rien.이다. '천만에요'라는 생각에 Je vous en prie.라고 말하면 안 된다. 이럴 때의 이 표현은 '어서 더 하시지요.' 란 의미가 되어 사과를 한 상대방이 무척 당황하게 된다. Je vous en prie.나 De rien.은 상대방이 Merci. (고맙습니다.)라고 했을 때의 '천만에요.'라는 의미라는 것에 주의를 해야 한다.

Pardon.도 '미안합니다.'라는 표현이지만 상대방의 주의를 끌 때도 쓰인다. 지하철이나 버스를 타고 내리려고 할 때 앞에 사람이 있어서 지나갈 수 없을 때 프랑스인들이 계속 Pardon. Pardon.이라고 말하면서 내리는 것을 많이 듣게 된다. 또한 이 표현은 말끝을 살짝 올려서 Pardon? 하면 '미안합니다. 뭐라 그러셨죠?'라는 되물어 보는 표현이 되기도 한다.

여러분들이 프랑스인과 대화를 나눌때 상대방의 이야기를 이해를 못해서 귀를 기울이며 '예? 예?' 또는 '네? 네?' 하면서 말하는 것은 프랑스인들에게 대단히 불쾌감을 줄 수 있다는 것에 주의를 해야 한다. 이 발음은 프랑스어의 'Hein? Hein?' (뭐? 뭐야?)과 비슷하게 들릴 수 있어 좋은 느낌을 주지 못한다.

5

Paris est la première ville de France.

미리 한 번 들어 보아요.

Où est sa gomme?

Elles ne sont pas sur la table.

elles sont sous la table

elles sont par terre

Ils cherchent où est Paris sur la carte.

Paris n'est pas une petite ville.

Paris est la première ville de France.

Elle est sur la table, sous la carte.

elle est entre la carte de France et la table

ÉCOUTER

Où est son sac? Il est sous la chaise. Il est par terre.

Où est sa gomme? Elle est sur la table.

Où sont les valises?
Elles ne sont pas sur la table, elles sont sous la table, elles sont par terre.

Pierre et Marie regardent ensemble une carte de France.
La carte est sur la table. Ils cherchent où est Paris sur la carte.

Est-ce que Paris est une petite ville?
Non, Paris n'est pas une petite ville. Paris est une grande ville, la première ville de France, c'est la capitale.

Pierre trouve où est Paris sur la carte.

Sa sœur cherche une photographie de Paris. La photographie n'est pas sur la table, elle n'est pas sur le lit. Marie cherche dans son sac, la photographie n'est pas dans son sac.

La jeune fille ne trouve pas la photographie.

Où est la photographie?
Elle est sur la table, sous la carte, elle est entre la carte de France et la table.

 **듣기**

그(그녀)의 가방은 어디에 있습니까? 그것은 의자 밑에 있습니다. 그것은 바닥에 있습니다.

그의(그녀의) 지우개는 어디에 있습니까? 그것은 책상 위에 있습니다.

가방들은 어디에 있습니까?
그것들은 책상위에 있지 않습니다. 그것들은 책상 아래에 있습니다.
그것들은 바닥에 있습니다.

삐에르와 마리는 프랑스 지도를 함께 보고 있다.
지도는 책상 위에 있다. 그들은 지도에서 빠리가 어디에 있는지 찾고 있다.

빠리는 작은 도시입니까?
아니오, 빠리는 작은 도시가 아닙니다. 빠리는 큰 도시이며 프랑스의 첫 번째 도시,
즉 수도입니다.

삐에르는 지도 위에서 빠리가 어디에 있는지 발견한다.

그의 여동생은 빠리의 사진을 찾고 있다. 사진은 책상 위에 있지 않다. 그것은 침대 위에 있지 않다.
마리는 그녀의 가방에서 찾고 있다. 사진은 그녀의 가방에 있지 않다.

소녀는 사진을 발견하지 못한다.

사진은 어디에 있습니까?
그것은 책상 위에, 지도 밑에 있습니다.
그것은 프랑스 지도와 책상 사이에 있습니다.

알고가요

Où : 어디에 (ou '또는'과 구별하여 주의해야 한다.)

sous : ～ 아래에 ↔ sur ～ 위에

par terre : 바닥에, 육로로, 실패한

la gomme : 지우개

la valise : (여행용) 가방

la carte : 지도, 메뉴, 명함, 우편 엽서, 증명서, (은행, 전화, 교통 등의) 카드

chercher : 찾다 – 1군 규칙 동사

petit,e : 작은, 귀여운, 어린 ↔ grand,e 큰, 넓은, 다수의, 다 큰, 굉장한

la ville : 도시, 시

premier, première : 첫 번째의, 최초의 ↔ dernier, dernière 마지막의, 최후의

la capitale : 수도, 대문자

trouver : 발견하다, 구하다, 생각하다

le sac : 가방, 봉지, 배낭, 핸드백

entre A et B : A 와 B 사이에

1. **chercher**는 사람이나 물건을 잃어버린 상태에서 찾고 있는 중이라는 뜻이며, **trouver**는 찾고자 하는 것을 찾은 상태, 즉 발견한 상태를 말한다.

Je cherche mon stylo. 나는 나의 만년필을 찾고 있다. (mon – 나의)
Je trouve mon stylo. 나는 나의 만년필을 발견한다.

2. 단축 관사 **du, des**

de + le → du
de + les → des
de + la → de la 여성 단수 la는 단축이 안된다.

Le sac de le professeur 교수의 가방
　　　　↳ du

Les sacs de les garçons 소년들의 가방들
　　　　　↳ des

Le sac de la jeune fille 소녀의 가방
　　　　↳ de la → de la 단축 안됨

뒤에 모음이 올 경우에는 모음 축약을 먼저한다.
le sac de l'étudiant 그 남학생의 가방
le sac de l'étudiante 그 여학생의 가방

3. **est**는 être동사의 3인칭 단수형으로서, 복수는 **sont**이다.

〈être 동사〉 – ~이다, ~있다 (영어의 be 동사에 해당)

Je suis　　　　　Nous sommes
Tu es　　　　　　Vous êtes
Il(Elle) est　　　Ils(Elles) sont

Où est le sac de Marie? 마리의 가방은 어디에 있습니까?
Où sont les sacs de Marie? 마리의 가방들은 어디에 있습니까?

Nous sommes à Paris. 우리는 빠리에 있다. − 도시명 앞에는 전치사 à (~에)를 쓴다.
Elle est à la maison. 그녀는 집에 있다.

4. 부정문은 동사의 앞과 뒤에 **ne ~ pas**를 붙이는데 **ne**는 뒤에 모음이 올때 항상 모음 축약을 해
   줘야 된다.

   Elle est sur le lit. 그것은 침대 위에 있다.
   → Elle n'est pas sur le lit. 그것은 침대 위에 있지 않다.

5. 형용사는 관계되는 명사의 성과 수에 항상 일치를 해야 한다. 관계하는 명사가 여성형이면 형용
   사 뒤에 **-e**를, 복수일 경우에는 **-s**를 써줘야 한다.

   un grand sac / une grande ville
   les grands sacs / les grandes villes

6. **C'est**는 **Ce est**의 모음 축약형이다.

   Ce는 남성, 여성/사람, 사물/원근을 가리지 않는 중성 지시대명사로 회화에서 빈번하게 쓰인다.
   C'est la capitale.
   C'est Marie.

   복수형은 Ce sont이다.
   Ce sont des chaises.

6

Quand voyageront-ils?

🎧 미리 한 번 들어 보아요.

Pierre et sa sœur aiment voyager.

Bientôt, ils prépareront leur voyage à Paris.

Les gens aiment beaucoup voyager.

mais ils n'aiment pas porter leurs valises

Marie préparera trois lourdes valises et deux sacs légers.

Non, elle ne portera pas de valises.

Il portera les bagages.

Quand voyageront-ils?

Maintenant, nous ne voyageons pas en France.

ÉCOUTER

Pierre et sa sœur aiment voyager.
Bientôt, ils prépareront leur voyage à Paris.

Les hommes et les femmes aiment les voyages.
Les gens aiment beaucoup voyager, mais ils n'aiment pas porter leurs valises.

Bientôt, Marie préparera trois lourdes valises et deux sacs légers.

Est-ce que Marie portera des valises?
Non, elle ne portera pas de valises, elle portera seulement son sac.

Que portera Pierre? Il portera les bagages.

Quand voyageront-ils? Ils voyageront bientôt.

Où voyageront-ils? Ils voyageront en France.

Est-ce qu'ils voyageront ensemble?
Oui, ils voyageront ensemble.

Maintenant, nous ne voyageons pas en France.

 # 듣기

삐에르와 그의 여동생은 여행하기를 좋아한다.
곧, 그들은 그들의 빠리 여행을 준비할 것이다.

남자들과 여자들은 여행을 좋아한다.
사람들은 여행하기를 많이 좋아하지만, 가방을 들고 다니는 것을 좋아하지는 않는다.

곧, 마리는 세 개의 무거운 여행 가방과 두개의 가벼운 손가방을 준비할 것이다.

마리는 여행 가방들을 들고 다닐까요?
아니오. 그녀는 여행 가방들을 들지 않을 것입니다. 그녀는 단지 그녀의
손가방 만을 들을 것입니다.

삐에르는 무엇을 들고 다닐까요? 삐에르는 짐들을 들 것입니다.

그들은 언제 여행할까요? 그들은 곧 여행할 것입니다.

그들은 어디에서 여행할까요? 그들은 프랑스에서 여행할 것입니다.

그들은 함께 여행할까요? 예, 그들은 함께 여행할 것입니다.

지금, 우리는 프랑스에서 여행하고 있지 않습니다.

알고가요

aimer + 동사 원형 : ～ 하는 것을 좋아하다, ～하는 것을 사랑하다

bientôt : 곧, 머지 않아

préparer : 준비하다 – 1군 규칙 동사

l'homme : 남자, 사람, 인류 ↔ la femme 여자, 기혼 여성, 부인, 가정부

le voyage : 여행, 운반

les gens : 사람들 (항상 복수로 쓴다.)

porter : 들다, 운반하다, 입다 – 1군 규칙 동사

trois : 3의, 셋의

lourd,e : 무거운, 막대한 ↔ léger, légère 가벼운, 섬세한, (술, 커피, 담배 등) 약한, 연한

seulement : 오직, 단지

les bagages : 짐 (주로 복수형을 쓴다.)

quand : 언제, ～할 때에

en : ～에, ～로 (여성 국가명 앞에서 쓰인다.), ～에서, (재료 등) ～로 된, (교통수단 등) ～으로, ～을 타고

maintenant : 지금 (= en ce moment)

DELF A1 합격하기

– 일상생활에서 가장 많이 쓰는 어휘들을 이용하여 글쓰기
un plan de Paris
carte

– 간단한 제목의 간단한 정보들을 이해하기
Petites annonces
mode d'emploi

– 간단한 게시판이나 지시문 이해하기
Non fumeur
Interdit de stationner

1. aimer + inf

aimer 좋아하다, 사랑하다 동사 다음에는 동사의 원형이 올 수 있다.

Ils aiment voyager. 그들은 여행하는 것을 좋아한다.

이와 같이 다음에 원형이 오는 동사들을 부정문으로 만들때 첫 동사의 앞과 뒤에 ne ~ pas를 놓는다. 즉, 부정문은 무조건 주어 다음에 ne를 쓰고, 동사가 몇 개 나오든 첫 번째 동사 바로 뒤에 pas를 놓으면 된다.

Ils n'aiment pas voyager. 그들은 여행하는 것을 좋아하지 않는다.

2. 단순 미래의 형태는 규칙 변화 동사일 경우 동사의 원형 뒤에 단순 미래 어미 -ai, -as, -a, -ons, -ez, -ont를 놓으면 된다.

Je parlerai	Nous parlerons
Tu parleras	Vous parlerez
Il parlera	Ils parleront
Elle parlera	Elles parleront

Nous 하고 Vous는 현재와 미래 어미가 모두 -ons, -ez으로 같으나 현재는 원형 어미 ~er를 떼고 붙이며, 미래는 원형 어미 ~er 상태에서 붙인다는 것에 주의를 해야 한다.

Nous parlons, Vous parlez – 현재
Nous parlerons, Vous parlerez – 미래

이와같이 단순 미래 어미 바로 앞에는 항상 r가 와야 한다.

또한 프랑스어 단순 미래는 영어에 있는 단순 미래, 의지 미래의 구분이 없이 쓰인다.

3. 부정의 de

부정관사 (un, une, des)가 타동사의 직접 목적 보어로 쓰여서 부정문으로 될 때는 그 부정 관사 un, une, des 등은 모두 부정의 de로 바뀐다.

Elle portera une valise. 그녀는 가방을 들것이다.
Elle ne portera pas de valise. 그녀는 가방을 들지 않을 것이다.

단, 정관사나 목적어로 쓰이지 않을 경우에는 그대로 쓴다.

Elle ne portera pas la valise. (정관사이므로 그대로 la를 쓴다.)
Ce n'est pas une valise. (목적어가 아니므로 그대로 une을 쓴다.)

4. 끝이 **-ger**로 끝나는 동사는 직설법 1인칭 복수의 현재 변화에서 발음상 **e**를 꼭 추가한다.

nous voyageons, nous mangeons

e를 안써줄 경우에는 -gons (~공)이 되어 발음상 어감이 안좋아 g 다음에 e를 붙여 써서 -geons
으로 하기 위함이다.

5. **Quand** (언제)과 **Où** (어디에)

Quand voyageront-ils?
= Quand est-ce qu'ils voyageront? 그들은 언제 여행할 것인가요?

Où voyageront-ils?
= Où est-ce qu'ils voyageront? 그들은 어디로 여행할 것인가요?

est-ce que는 의문사가 있을시에는 의문사 다음에 쓰며 주어, 동사 순으로 한다.

ou (또는)와 Où (어디에) 는 발음이 같으나 뜻이 다르다는 것에 주의하자.

6. 여성 국가명 앞에 쓰이는 전치사 **en**

프랑스어에서는 국가명도 성 구분을 하는데 보통 국가명의 끝이 -e로 되어 있으면 여성 국가로서
전치사 en을 쓰며 그 이외에는 남성 국가로서 au를 쓴다.

en France (프랑스에서), en Corée (한국에서), en Allemagne (독일에서), en Italie (이탈리아
에서)
au Canada (캐나다에서), au Japon (일본에서), au Maroc (모로코에서), au Chili (칠레에서)

예외) au Mexique, en Iran (모음으로 시작하는 국가는 남성일지라도 발음상 en을 쓴다)

7

Offrir des cadeaux procure beaucoup de joie.

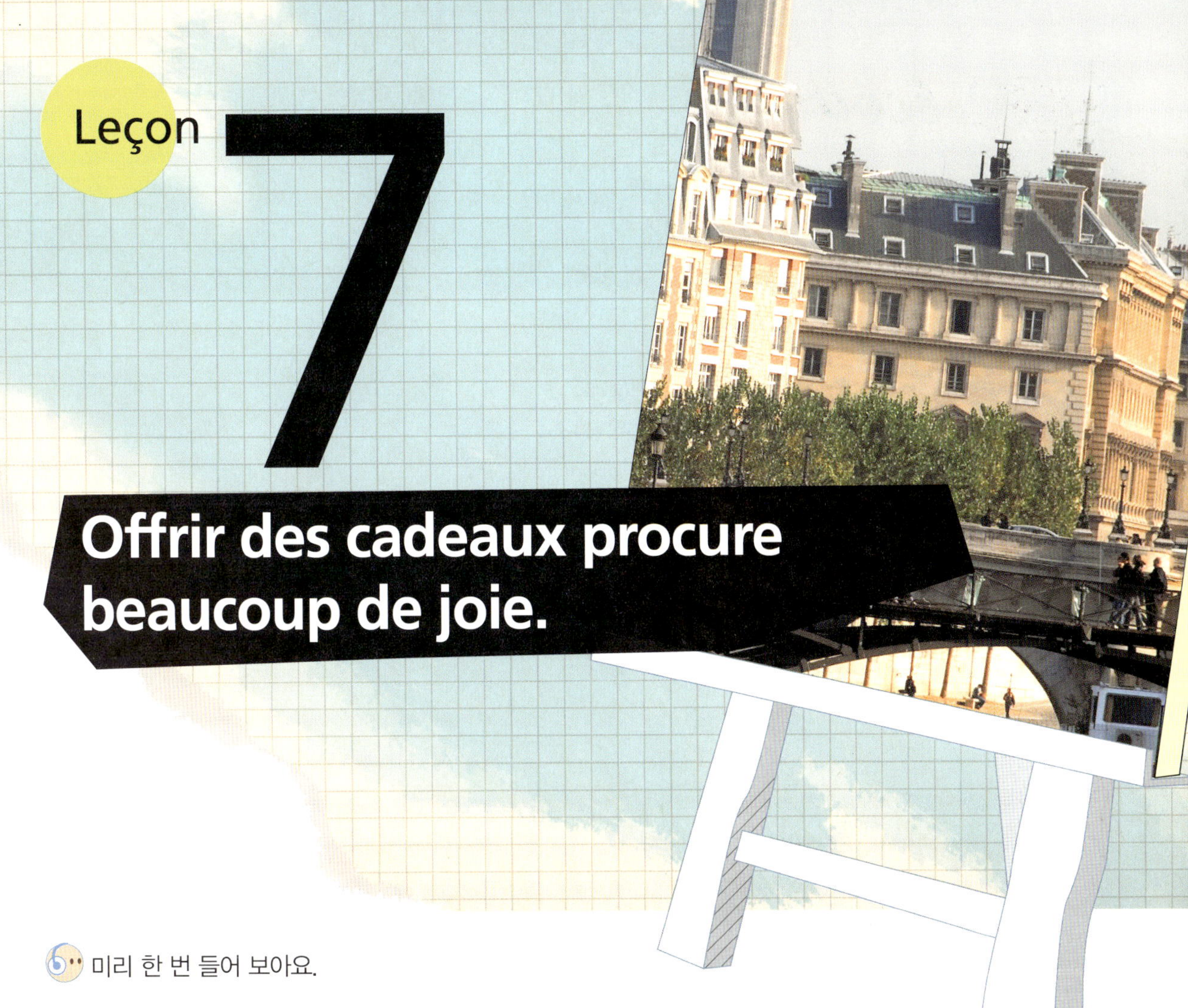

🔊 미리 한 번 들어 보아요.

Est-ce que vous préparez vos bagages?

Vous aimez vos amis et nous aimons nos amis.

Ils ne sont pas à Paris.

Ils sont encore à la maison.

Préparent-ils leur voyage?

A Paris, ils rencontreront leurs amis.

Ils apporteront des cadeaux à leurs amis.

Offrir des cadeaux procure beaucoup de joie.

Les gens aiment beaucoup les cadeaux.

ÉCOUTER

Est-ce que vous préparez votre voyage?
Non, nous ne préparons pas notre voyage.

Est-ce que vous préparez vos bagages?
Non, nous ne préparons pas nos bagages.

Pierre aime ses amis. Marie aime ses amies.
Ils aiment leurs amis. Ils aiment leurs amies.
Vous aimez vos amis et nous aimons nos amis.

Pierre est dans sa maison.
Marie est dans sa maison.
Ils sont dans leur maison.

Ils ne sont pas à Paris.
Ils sont encore à la maison.

Préparent-ils leur voyage?
Non, ils ne préparent pas encore leur voyage.

Et vous? Préparerez-vous bientôt votre voyage?
Oui, nous préparerons bientôt notre voyage en France.

A Paris, ils rencontreront leurs amis.
Ils apporteront des cadeaux à leurs amis.

Ils apporteront beaucoup de cadeaux à leurs amis.
Ils donneront leurs cadeaux à leurs amis.

Offrir des cadeaux procure beaucoup de joie.

Les gens aiment beaucoup les cadeaux.

Et vous?

듣기

당신들은 당신들의 여행을 준비합니까?
아니오, 우리는 우리의 여행을 준비하지 않습니다.

당신들은 당신 들의 짐들을 준비합니까?
아니오, 우리는 우리의 짐들을 준비하지 않습니다.

삐에르는 그의 친구들을 좋아한다. 마리는 그녀의 여자 친구들을 좋아한다.
그들은 그들의 친구들을 좋아한다. 그들은 그들의 여자 친구들을 좋아한다.
당신(들)은 당신(들)의 친구들을 좋아하고, 우리는 우리의 친구들을 좋아한다.

삐에르는 그의 집안에 있다.
마리는 그녀의 집안에 있다.
그들은 그들의 집안에 있다.

그들은 빠리에 있지 않다. 그들은 아직 집에 있다.

그들은 그들의 여행을 준비합니까?
아니오, 그들은 아직 그들의 여행을 준비하지 않습니다.

당신들은요? 당신들은 곧 당신들의 여행을 준비할 것입니까?
예, 우리들은 곧 우리들의 프랑스 여행을 준비할 것입니다.

빠리에서 그들은 그들의 친구들을 만날 것이다.
그들은 그들의 친구들에게 선물을 갖다 줄 것이다.

그들은 그들의 친구들에게 많은 선물을 갖다 줄 것이다.
그들은 그들의 친구들에게 그들의 선물들을 줄 것이다.

선물들을 주는 것은 많은 기쁨을 준다.

사람들은 선물을 많이 좋아한다.

당신은요?

votre : 당신의, 당신들의 (남성, 여성 단수 명사 앞에 쓰인다.)

notre : 우리들의 (남성, 여성 단수 명사 앞에 쓰인다.)

vos : 당신의, 당신들의 (남성, 여성 복수 명사 앞에 쓰인다.)

nos : 우리들의, 당신들의 (남성, 여성 복수 명사 앞에 쓰인다.)

ami,e : 친구, 애인 (= copain, copine)

leurs : 그들의, 그녀들의 (남성, 여성 복수 명사 앞에 쓰인다.)

encore : 아직, 더, 다시, 훨씬 더

rencontrer : (우연히 또는 미리 약속하고) 만나다

apporter : 가져오다

le cadeau : 선물

donner : 주다, (파티 등 모임을) 열다, (영화, 연극 등을) 공연, 상연하다

offrir : (선물 등)주다, 제공하다

procurer : 주다, 얻다, 구하다

la joie : 기쁨

 **조금만 더**

- **dans :** (+장소) ~ 안에, (+시간) ~ 후에
- **beaucoup de + 수, 양을 나타내는 무관사 명사 :** 많은 ~ (들)

1. 소유 형용사

소유 형용사는 다음에 오는 명사(피소유물)의 성과 수에 따라 변한다.

	나의	너의	그의, 그녀의	우리들의	당신의, 당신들의	그들의, 그녀들의
남성	mon	ton	son	notre	votre	leur
여성	ma	ta	sa	notre	votre	leur
복수	mes	tes	ses	nos	vos	leurs

① 소유자도 단수이고 피소유물도 단수인 경우 : mon, ton, son, ma, ta, sa

　그의 공책 – son cahier, 그녀의 공책 – son cahier

　그의 집 – sa maison, 그녀의 집 – sa maison

② 소유자는 단수이고 피소유물이 복수인 경우 : mes, tes, ses

　너의 집들 – tes maisons, 그의 집들 – ses maisons

③ 소유자는 복수이고 피소유물이 단수인 경우 : notre, votre, leur

　우리들의 집 – notre maison, 그들의 집 – leur maison

④ 소유자도 복수이고 피소유물도 복수인 경우 : nos, vos, leurs

　우리들의 집들 – nos maisons, 그들의 집들 – leurs maisons

2. 끝이 -eau로 끝나는 명사의 복수형태는 -eaux이다.

Un cadeau → des cadeaux 선물
Un manteau → des manteaux 외투
Un bateau → des bateaux 배

3. 부정법(동사 원형)은 주어나 속사(주격 보어)로 쓰일 수 있다.

Vouloir, c'est pouvoir. 원한다는 것, 그것은 가능하다는 것이다.
　주어　　　　　속사

Offrir des cadeaux procure beaucoup de joie. 선물을 주는 것은 많은 기쁨을 준다.
　주어

4. 명사가 주어일 경우에는 동사와 연음(liaison)을 하지 않는다.

Les gens / aiment beaucoup les cadeaux. 사람들은 선물을 많이 좋아한다.
Les hommes / aiment beaucoup les voyages. 사람들은 여행을 많이 좋아한다.

루브르 박물관의 비너스

8

Les enfants aiment beaucoup le lait.

🎧 미리 한 번 들어 보아요.

A la campagne, les habitations sont des fermes ou des maisons de campagne.

ils habitent dans un petit appartement en ville

Le jardin est entre la route et la maison.

elle aime aussi les arbres

ils regardent aussi les animaux

les ânes, les chèvres, et les chevaux

le cheval ne donne pas de lait

Les enfants aiment beaucoup le lait.

ÉCOUTER

A la campagne, les habitations sont des fermes ou des maisons de campagne.
Ils habitent une ferme. C'est une ferme avec un grand jardin.

Pierre et Marie n'habitent pas dans la ferme de leurs parents,
ils habitent dans un petit appartement en ville.

A la campagne, leurs parents habitent une ferme avec un grand jardin.
Le jardin est entre la route et la maison.

Marie aime beaucoup les jardins et les fleurs, elle aime aussi les arbres.

Pierre et Marie aiment marcher dans la campagne, ils regardent les jardins, ils regardent aussi les animaux : les ânes, les poules, les moutons, les chèvres, les vaches et les chevaux.

Les chèvres et les vaches donnent du lait, le cheval ne donne pas de lait.

Les enfants aiment beaucoup le lait. Les parents donnent beaucoup de lait
à leurs jeunes enfants.

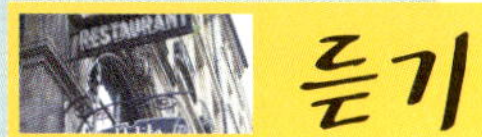

듣기

시골에 있는 집들은 농가이거나 별장이다.
그들은 농가에서 살고 있다. 그것은 큰 정원이 딸려있는 농가이다.

삐에르와 마리는 그들의 부모님 농가에서 살고 있지 않다.
그들은 도시에 있는 조그만 아파트에서 살고 있다.

시골에서 그들의 부모님은 커다란 정원이 있는 농가에서 산다.
그 정원은 길과 집 사이에 있다.

마리는 정원과 꽃들을 많이 좋아한다. 그녀는 나무들 역시 좋아한다.

삐에르와 마리는 시골에서 걷는 것을 좋아한다. 그들은 정원을 본다. 그들은 또한 동물들을 보고 있다. :
당나귀들, 암탉들, 양들, 염소들, 암소들과 말들.

염소들과 암소들은 우유를 제공해 준다. 말은 우유를 제공해 주지 않는다.

아이들은 우유를 많이 좋아한다. 부모들은 그들의 어린 아이들에게 많은 우유를 준다.

알고가요

l'habitation : 주거지, 거처, 집

la campagne : 시골, 밭, 평야, 캠페인

la ferme : 농장, 농가

la maison de campagne : 별장

l'appartement (m.) : 아파트 (구어체에서는 appart라고도 한다.)

en ville : 도시에, 시내에

la route : 길, 도로

le jardin : 정원, 밭, (초등학교 입학 전의) 놀이방

l'arbre (m.) : 나무

l'animal (m.) : 동물 – 복수형 les animaux

l'âne : 당나귀, 바보, 멍청이 (= le con, la conne)

la poule : 암탉 ↔ le coq 수탉

le mouton : 양, 양고기

la chèvre : 염소, 염소 고기

la vache : 암소, 암소 고기 ↔ le bœuf 황소, 쇠고기

le cheval : 말 (복수형 les chevaux)

le lait : 우유

l'enfant (m.et.f.) : 어린이, 아이, 자식

 조금만 더

• **habiter :** (~ 에서) 살고 있다

– 뒤에 '~에서'란 전치사를 써도 되고 안써도 된다. 즉, 자동사와 타동사로 다 쓰일 수 있다.

1. **Ce**는 성·수 및 원근을 가리지 않는 중성 지시 대명사로서 보통은 "**ce + être**" 등의 주어로 쓰인다. 사람 및 사물을 대신해서 쓸 수 있다.

   Marie est une jeune fille. 마리는 소녀이다.
   C'est une jeune fille. 그녀는 소녀이다.
   Ce sont des dollars. 그것들은 달러들이다.

2. **habiter** 동사는 자동사 및 타동사로 쓰여 뒤에 전치사를 써도 되고 안 써도 된다.

   J'habite Paris. = J'habite à Paris. 나는 빠리에서 산다.

3. **aussi**의 부정은 **ne ~ pas non plus**이다.

   Elle aime aussi les arbres. 그녀도 역시 나무들을 좋아한다.
   Elle n'aime pas non plus les arbres. 그녀도 역시 나무들을 좋아하지 않는다.

4. 끝이 **-al**로 끝나는 명사의 복수형은 보통 **-aux**이다.

   un cheval → des chevaux 말
   un animal → des animaux 동물

5. 부분관사 남성형 **du**와 여성형 **de la**

   물질 명사나 추상 명사와 같이 셀 수 없는 명사 앞에는 부분 관사를 쓴다.

   du lait 우유, de la viande 고기, du bœuf 소고기, du courage 용기, de la patience 인내 등

   뒤에 모음이 올 경우에는 de l'을 쓴다.

   de l'eau 물, de l'huile 식용유, 오일

   부분 관사도 부정 관사와 마찬가지로 타동사의 직접 목적 보어로 쓰여서 부정문으로 될 때에는 그 부분 관사 du, de la는 모두 부정의 de로 바뀐다.

Les vaches donnent du lait. 암소는 우유를 제공해 준다.
Les chevaux ne donnent pas de lait. 말은 우유를 제공해 주지 않는다.

대표나 전체를 나타낼때는 물질 명사나 추상 명사라 할지라도 정관사를 쓴다.

J'aime le lait.
우유를 부분적인 양으로 좋아하는 것이 아니고 우유라는 그 자체를 좋아하므로 정관사이다.

Vous aimez la viande? 고기를 좋아하십니까?

6. beaucoup de (많은) 다음에는 무관사 명사가 온다. 부사가 명사를 꾸며줄때는 전치사 de를 항상 써줘야 한다.

beaucoup de fleurs 많은 꽃들, beaucoup de lait 많은 우유

프랑스어에서는 수와 양 구분없이 쓴다.

같은 의미로 다음 표현들도 많이 쓰인다.

tant de problèmes 많은 문제들, tellement de voitures 많은 자동차들,
tant de viande 많은 고기, tellement de curiosité 많은 호기심

미리 한 번 들어 보아요.

Marie aime beaucoup les beaux jardins.

ils donneront de bons fruits

La pomme est le fruit du pommier.

mais il aime beaucoup les animaux

mais on travaille surtout dans les champs loin de la ferme

mais on trouve aussi des légumes

mais la pomme de terre est un légume

on trouve des pommes de terre sous la terre

Les enfants emporteront-ils des fruits?

Marie mangera-t-elle des pommes de terre?

ÉCOUTER

Marie aime beaucoup les beaux jardins, les belles fleurs et les grands arbres.

Les arbres du jardin donnent de belles fleurs, ils donneront de bons fruits.
La pomme est le fruit du pommier.

Pierre aime les fruits, mais il ne regarde pas beaucoup les fleurs.
Il n'aime pas les fleurs, mais il aime beaucoup les animaux.

A la campagne, les gens travaillent beaucoup : on travaille dans le jardin près de la ferme, mais on travaille surtout dans les champs loin de la ferme.

Dans les jardins, on trouve des fleurs et des arbres fruitiers, mais on trouve aussi des légumes. La pomme est un fruit, mais la pomme de terre est un légume : on trouve des pommes de terre sous la terre.

Les enfants emporteront-ils des fleurs et des fruits du jardin?

Pierre mangera-t-il des fruits du jardin?
Marie mangera-t-elle des pommes de terre?

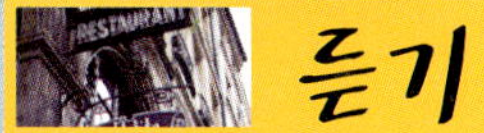

듣기

마리는 아름다운 정원, 아름다운 꽃 그리고 큰 나무들을 많이 좋아한다.

정원의 나무들은 아름다운 꽃들을 제공해 준다. 그것들은 맛있는 과일들을 줄 것이다.
사과는 사과 나무의 열매이다.

삐에르는 과일을 좋아한다. 그러나 그는 꽃들을 많이 바라 보지는 않는다.
그는 꽃들을 좋아하지 않지만, 동물들을 많이 좋아한다.

시골에서 사람들은 열심히 일한다 : 사람들은 농장에서 가까운 정원에서 일한다.
그러나 사람들은 특히 농장에서 먼 논밭에서 일한다.

정원에서 사람들은 꽃들과 과수들을 발견한다. 그러나 또한 채소도 발견한다.
사과는 과일이지만 감자는 채소이다 : 사람들은 감자를 땅 밑에서 발견한다.

아이들은 정원의 꽃들과 과일들을 가져갈 것 입니까?

삐에르는 정원의 과일들을 먹을 것입니까?

마리는 감자를 먹을 것입니까?

알고가요

beau, belle, beaux, belles : 아름다운, 훌륭한, 상당한 ↔ laid,e 추한, 못생긴

la pomme : 사과

le pommier : 사과나무

travailler : 공부하다, 일하다

surtout : 특히, 무엇보다도

près de ~ : ∼ 가까이에 ↔ loin de ∼ (∼ 멀리에)

le champ : 논, 밭, 들판 (복수일 때), 광장

fruitier : 열매를 맺는

les légumes : 야채, 채소

la pomme de terre : 감자 (복수형은 les pommes de terre)

la terre : 땅, 지구, 흙, 육지

emporter : 가져가다, 앗아가다

manger : 먹다 (Nous mangeons인 것에 주의)

 조금만 더

- **on :** 사람들 (동사는 3인칭 단수에 일치), 회화에서는 각 인칭을 대신해 다 쓰인다 (우리들, 당신들, 그들, 그녀들, 나, 너, 그, 그녀 등)

DELF A1 합격하기

– 자기 소개하기
  Je suis belge. 등

– 사는 곳의 주변 환경 소개하기
  C'est bruyant.

1. 복수의 de → "de + 복수 형용사 + 복수 명사"
복수 형용사가 복수 명사보다 앞에 있을 때 부정관사 **des**는 **de**로 된다.

une belle fleur ▶ de belles fleurs / un bon fruit ▶ de bons fruits
　　　　　　아름다운 꽃들　　　　　　　　　　　　　　맛있는 과일들

예외) des jeunes gens 젊은 사람들
　　　 des jeunes filles 소녀들
　　　 des jeunes hommes 젊은이들

등은 한단어로 취급되어 그대로 des를 쓴다.

정관사는 지시(그, 저)의 의미가 있으므로 절대 변화가 없다.

la belle fleur ▶ les belles fleurs
le bon fruit ▶ les bons fruits

2. 과일 이름에 -ier가 붙으면 나무가 된다.

la pomme – le pommier / la cerise – le cerisier
　　　　　　사과나무　　　　　　　　버찌나무

과일은 보통 여성이며, 나무는 남성이다.

la banane – le bananier / la poire – le poirier
　　　　　　바나나무　　　　　　　배나무

3. "명사 + 전치사 + 명사"로 된 합성 명사는 복수로 될 때 앞의 명사에만 's'를 붙인다.

la pomme de terre → les pommes de terre 감자
un arc-en-ciel → des arcs-en-ciel 무지개

4. **beau** (아름다운), **bon** (좋은, 맛있는)

beau 남성단수 − beaux 남성복수
belle 여성단수 − belles 여성복수

bon 남성단수 − bons 남성복수
bonne 여성단수 − bonnes 여성복수

Un beau fruit 아름다운 과일 → de beaux fruits
Une belle fleur 아름다운 꽃 → de belles fleurs

Un bon fruit 맛있는 과일 → de bons fruits
Une bonne pomme 맛있는 사과 → de bonnes pommes

5. 명사가 주어일 경우에는 의문문으로 바꿀때 절대로 명사 주어와 동사는 도치가 안되며 그 명사를 대명사로 받아 − (**trait d'union**)으로 연결하여 동사 뒤에 놓는다. 단, 도치된 동사와 대명사가 모음이 겹칠때는 모음 충돌을 피하기 위해서 사이에 **-t-**를 꼭 써줘야 한다.

Les gens des villes aiment-ils la campagne? 도시 사람들은 시골을 좋아합니까?

Marie regarde-t-elle la montagne? 마리는 산을 바라봅니까?
: 발음상 모음 충돌 회피로 인해 반드시 **-t-**를 붙여 줘야 한다.

Paul mangera-t-il des pommes de terre? 뽈은 감자를 먹을까요?

10

Est-ce que vous êtes jeune ou vieux?

미리 한 번 들어 보아요.

il n'est pas vieux

Marie n'est pas vieille.

Est-ce que vous êtes jeune ou vieux?

Les arbres sont beaux.

Oui, nous aimons les fruits mûrs, mais nous n'aimons pas les fruits verts.

Les beaux fruits sont-ils bons?

Où êtes-vous? - Je suis dans mon bureau.

Ils sont dans le réfrigérateur.

ÉCOUTER

Pierre est jeune, il n'est pas vieux.
Marie n'est pas vieille, elle est jeune.

Les jeunes garçons et les jeunes filles sont des jeunes gens.

Est-ce que vous êtes jeune ou vieux?
Je suis jeune et tu n'es pas vieux.

Êtes-vous grande ou petite?
Je ne suis pas grande, mais tu es grande.

Les arbres sont beaux.
Je ne suis pas beau, mais je ne suis pas laid.

Est-ce que vous aimez les fruits?
Oui, nous aimons les fruits mûrs, mais nous n'aimons pas les fruits verts.

Comment sont ces fruits?
Ce fruit est bon, mais ce fruit est mauvais.

Les bons fruits sont beaux.
Les beaux fruits sont-ils bons?

Comment sont les fleurs?
Elles sont belles.

Où est Pierre?
Il est à la cuisine.

Où êtes-vous?
Je suis dans mon bureau.

Où sont les fruits?
Ils sont dans le réfrigérateur.

듣기

삐에르는 젊다. 그는 나이가 들지 않았다.
마리는 나이가 들지 않았다. 그녀는 젊다.

어린 소년들과 소녀들은 젊은 사람들이다.

당신은 젊습니까, 또는 나이가 많습니까?
나는 젊고, 너는 나이가 많지 않다.

당신은 키가 큽니까, 또는 작습니까?
나는 크지 않지만, 너는 크다.

나무들은 아름답다.
나는 잘생기지는 않았지만 못생기지도 않았다.

당신들은 과일을 좋아합니까?
예, 우리는 익은 과일들을 좋아합니다. 그러나 덜 익은 과일들을 좋아하지 않습니다.

이 과일들은 어떻습니까?
이 과일은 맛있는데, 저 과일은 맛이 없습니다.

맛있는 과일들은 아름답습니다.
아름다운 과일들은 맛있습니까?

꽃들은 어떻습니까?
그것들은 아름답습니다.

삐에르는 어디에 있습니까?
그는 부엌에 있습니다.

당신은 어디에 있습니까?
나는 사무실에 있습니다.

과일들은 어디에 있습니까?
그 것들은 냉장고 안에 있습니다.

알고가요

jeune : 젊은, 어린 ↔ vieux, vieille 나이 든, 늙은

les jeunes gens : 젊은이들

mûr,e : 익은 ↔ vert,e 익지 않은, 덜 익은

comment : 어떻게

bon : 맛있는 ↔ mauvais 맛없는

le bureau : 사무실, 사무용 책상, 서재

le réfrigérateur : 냉장고

la cuisine : 부엌, 요리

DELF A1 합격하기

- 상대방에게 뭔가를 물어보거나 제안하기
  Vous pouvez me donner un renseignement?

- 상대방과 약속 잡기
  Je voudrais prendre rendez-vous demain matin ~

- 누군가에 대한 간단한 인물 묘사 물어 보기
  Elle est brune?

1. **jeune** (젊은) ↔ **vieux** (f.vieille 늙은)

beau (f.belle, 아름다운) ↔ laid (f.laide, 추한)
bon (f.bonne, 맛있는, 좋은) ↔ mauvais (f.mauvaise, 맛없는, 나쁜)

2. **être** 동사의 부정

Je ne suis pas   Nous ne sommes pas
Tu n'es pas   Vous n'êtes pas
Il n'est pas   Ils ne sont pas

ne는 다음에 모음이 올때 반드시 모음 축약을 해줘야 한다.

3. 선택 의문문에서의 대답은 **oui**나 **non**이 필요하지 않다.

Est-il grand ou petit? 그는 키가 큽니까 또는 작습니까?
Il est grand. 그는 큽니다.

ex Est-elle grande? 그녀는 큽니까?
    Non, elle est petite. 아니오, 그녀는 작습니다.

4. **Comment**은 형태 및 특징을 물어보는 의문사이다.

Comment est-elle? 그녀는 어떻게 생겼어?
Elle est grande, brune et mince. 그녀는 키가 크고 검은색 머리에 날씬해.

5. 지시형용사 **ce**, **cette**, **ces**, **cet**

명사 앞에 쓰여 이, 저, 그의 뜻을 갖는다.
ce는 자음으로 시작하는 남성단수명사 앞에서, cette는 여성단수명사 앞에서, ces는 남, 여 복수
명사 앞에서 쓰인다.
ce fruit, cette cuisine, ces fruits, ces cuisines

cet는 모음으로 시작하는 남성단수명사 앞에서 쓰인다는 것에 주의해야 한다.
cet ami, cet appartement

프랑스에서의 샌드위치는 한국에서 생각하는 것과는 확연히 다르다. 프랑스에서는 바게뜨 빵에 햄이나 치즈, 야채 또는 소시지(merguez) 등 끼워 놓은 것을 말한다. 한국에서 처럼 주로 따뜻하게 해서 먹는 토스트는 croque-monsieur라 하며 계란 프라이가 얹혀 나오는 것은 croque-madame이라 한다. 보통은 수퍼나 마트에서 팔며 집에서 다시 프라이팬이나 전자레인지에 데워 먹는다.

패스트푸드 점등에서 메뉴를 고르면 매장에서 먹을지 포장해 가지고 갈지를 물어보는 경우가 많다. 포장해 달라고 하면 Pour emporter.라 말하면 되고 매장 내에서 먹을 때는 Sur place. 또는 Pour consommer ici tout de suite.라 말하면 된다.

덧붙여 말한다면 프랑스는 과연 빵의 나라답게 모양이나 무게, 원료의 차이에서 부터 실로 셀 수 없을 만큼의 빵이 있다. 또 지방에는 지방 특유의 빵이 있음은 두말할 나위도 없다. une baguette는 그 중에서도 프랑스빵으로 널리 알려져 있고 그 이외에도 프랑스인들이 일반적으로 좋아하는 것에는 un bâtard, une boule, une flûte, une fougasse 등이 있다. 그건 그렇고 프랑스빵은 왜 그렇게 맛이 있을까?

11

Dans sa chambre, il lit le journal, il écrit.

🔊 미리 한 번 들어 보아요.

Ils font ensemble le ménage.

Pierre dit à sa sœur.

Dans mon usine, on finit le travail à 17 heures 30.

Mais moi, je sortirai du bureau à 18 heures.

On passe un bon film français près de la maison.

le frère d'Alice est désagréable

Moi, je ne trouve pas le frère d'Alice désagréable.

tu trouves tous les gens sympas

Marie sort de chez elle pour faire les courses.

Elle va au supermarché dans son quartier.

Dans sa chambre, il lit le journal, il écrit.

Il est devant l'ordinateur.

Il aime aussi les habitants de Paris.

On aime parler de son pays avec les étrangers.

ÉCOUTER

Pierre et Marie sont aujourd'hui à la maison. Ils font ensemble le ménage.

Pierre dit à sa sœur :

- Demain, je rencontrerai tes deux amies, Alice et Sylvie après mon travail. Dans mon usine, on finit le travail à 17 heures 30. Mais moi, je sortirai du bureau à 18 heures.

Marie demande à son frère :

- Où rencontreras-tu mes amies Alice et Sylvie?

- Au cinéma avec leurs deux frères. On passe un bon film français près de la maison. Tu n'aimes pas le cinéma?

- Si, bien sûr, j'aime beaucoup le film français, mais je n'aime pas le frère d'Alice.

- Moi, j'aime toutes tes amies!

- Mais moi, je n'aime pas tous tes amis : le frère d'Alice est désagréable.

Pierre pense sans parler :

- Moi, je ne trouve pas le frère d'Alice désagréable.

Marie pense sans parler :

- Toi, tu trouves tous les gens sympas.

Marie sort de chez elle pour faire les courses.
Elle va au supermarché dans son quartier.

Pierre reste à la maison toute la journée. Dans sa chambre, il lit le journal, il écrit.
Il est devant l'ordinateur et il pense à son voyage à Paris.

Il aime les gens de France, les Français et les Françaises.
Il aime aussi les habitants de Paris, les Parisiens et les Parisiennes.

Bientôt, il parlera de son pays avec les Français.

On aime parler de son pays avec les étrangers.

듣기

삐에르와 마리는 오늘 집에 있다. 그들은 함께 집안 일을 하고 있다.

삐에르는 여동생에게 말한다 :

– 내일, 나는 일과 후에 너의 두 친구, 알리스와 씰비를 만날거야. 공장에서 17시 30분에 일이 끝나.
  하지만 나는 18시에 사무실에 부터 퇴근할거야.

마리가 오빠에게 묻는다. :

– 오빠는 어디에서 나의 친구, 알리스와 씰비를 만날거야?

– 그녀들의 두 오빠들과 함께 영화관에서. 집 근처에서 좋은 프랑스 영화를 상연해.
  너는 영화를 좋아하지 않니?

– 물론 좋아해. 나는 프랑스 영화를 많이 좋아해. 그렇지만 나는 알리스의 오빠를 좋아하지 않아.

– 나, 나는 모든 너의 친구들을 좋아하잖아!

– 그러나 나, 나는 오빠의 모든 친구들을 좋아하지 않아 : 알리스의 오빠는 마음에 안들어.

삐에르가 말없이 생각한다 :

– 나, 나는 알리스의 오빠가 불쾌하다고 생각하진 않아.

마리는 말없이 생각한다 :

– 오빠, 오빠는 모든 사람들을 좋다고 생각해.

마리는 장을 보러 가기 위하여 집에서 부터 나온다.
그녀는 동네에 있는 수퍼에 간다.

삐에르는 하루종일 집에 머물러 있다. 그의 방에서 그는 신문을 읽고, 글을 쓰고 있다.
그는 컴퓨터 앞에 있다. 그는 자신의 빠리 여행을 생각하고 있다.

그는 프랑스 사람들, 즉 프랑스 남자와 프랑스 여자들을 좋아한다.
그는 빠리 사람들, 즉 빠리 남자와 빠리 여자들을 역시 좋아한다.

곧, 그는 프랑스 사람들과 함께 그의 나라에 대해서 이야기 할 것이다.

사람들은 외국인들과 함께 자기 나라에 대해서 말하는 것을 좋아한다.

알고가요

aujourd'hui : 오늘, 오늘날 ↔ hier 어제, 최근에, 과거에 ↔ demain 내일

faire le ménage : 집안 일을 하다

rencontrer : 만나다

après : ～ 후에 ↔ avant ～ 전에

le travail : 일, 일자리

l'usine (f.) : 공장

finir : 끝나다 – 2군 규칙 동사

sortir de ~ : ～ 에서 부터 나가다, 외출하다 ↔ entrer dans ~ (～ 안으로 들어가다)

demander : 물어보다, 요구하다

passer : (영화,연극 등이) 상영되다, 상연되다

si : 부정에 대한 긍정의 대답을 할 때

bien sûr : 물론 – bien (잘) , sûr (확실한)

tout, tous, toute, toutes : 모든

désagréable : 불쾌한 ↔ agréable 유쾌한, 마음에 드는

penser : 생각하다

sans : ～ 없이

trouver : 발견하다, ～를 ～라 생각하다 (뒤에 형용사가 나올 때)

sympa : 좋은, 마음에 드는

chez : ～ 집에

pour : ～를 위하여, ～ 때문에, ～행

faire les courses : 장보다

le supermarché : 수퍼마켓

le quartier : 동네, 구역

toute la journée : 하루종일 (toute la matinée 오전 내내, toute la soirée 저녁 내내)

devant : ～앞에 ↔ derrière ～뒤에

l'ordinateur (m.) : 컴퓨터

penser à ~ : ～를 생각하다

le Français, la Française : 프랑스 남자, 프랑스 여자

le Parisien, la Parisienne : 빠리 남자, 빠리 여자

parler de ~ : ～에 대해서 이야기하다 (parler à ~ : ～에게 이야기하다)

le pays : 나라, 지방

l'étranger, l'étrangère : 외국인 남자, 외국인 여자

l'habitant : 주민

 조금만 더

- **dire :** 말하다 – Je dis, Tu dis, Il dit, Nous disons, Vous dites, Ils disent
- **aller :** 가다 (3군 불규칙) – Je vais, Tu vas, Il va, Nous allons, Vous allez, Ils vont
- **rester + 장소 :** ~에 머물러 있다, ~에 남아있다
- **lire :** 읽다 – Je lis, Tu lis, Il lit, Nous lisons, Vous lisez, Ils lisent
- **écrire :** 쓰다, 편지를 쓰다 – J'écris, Tu écris, Il écrit, Nous écrivons, Vous écrivez, Ils écrivent
- **aimer + 동사 원형 :** ~하는 것을 좋아하다

1. 2군 규칙 동사 변화

2군 동사는 원형의 어미가 ~ir로 되어 있으며 다음과 같이 인칭에 따라 규칙 변화 한다.
-is, -is, -it, -issons, -issez, -issent / 원형에서 ir를 떼고 다음의 어미를 붙인다.

finir 끝내다 동사

Je finis	Nous finissons
Tu finis	Vous finissez
Il finit	Ils finissent

2군 동사는 Nous, Vous 현재 변화에서 항상 -issons, -issez의 형태를 가져야 한다는 것에 주의
해야 한다.

* 3군 동사 중에서 2군 동사와 마찬가지로 원형의 어미가 ~ir로 끝나는 동사들이 많이 있으니 항
　상 그룹별로 연습해야 한다.

3군 **sortir** 외출하다.일을 끝마치고 나가다 동사 현재 변화

Je sors	Nous sortons
Tu sors	Vous sortez
Il sort	Ils sortent

* 2군 동사의 단순 미래형도 1군 동사와 마찬가지로 규칙 변화 한다.

Je finirai	Nous finirons
Tu finiras	Vous finirez
Il finira	Ils finiront

* sortir 동사의 단순 미래 변화도 finir와 동일한 형태로 변한다.

Je sortirai	Nous sortirons
Tu sortiras	Vous sortirez
Il sortira	Ils sortiront

2. 3군 불규칙 **faire** (하다, 만들다) 동사의 현재 변화

Je fais	Nous faisons
Tu fais	Vous faites
Il fait	Ils font

Nous fai<u>s</u>ons에서 ai 발음이 [ə] 가 된다는 것에 주의를 해야 한다.

3. 3군 불규칙 **écrire** (쓰다), **lire** (읽다) 동사 변화

* **écrire** 동사 현재형

J'écris	Nous écrivons
Tu écris	Vous écrivez
Il écrit	Ils écrivent

* **lire** 동사 현재형

Je lis	Nous lisons
Tu lis	Vous lisez
Il lit	Ils lisent

4. 강세형 인칭 대명사

단수형	moi	toi	lui	elle
복수형	nous	vous	eux	elles

① 강세형은 문장 앞에서 주어를 강조한다.

Moi, je n'aime pas tous tes amis. 나, 나는 모든 너의 친구들을 좋아하지 않아.
Toi, tu n'es pas polie. 너, 너는 예의바르지 못하구나.

② 강세형은 전치사 다음에 쓰인다.

Je parle d'eux. 나는 그들에 대해서 이야기 하고 있다.
Je parle de lui. 나는 그에 대해서 이야기 하고 있다.

③ 주어가 여럿이 있을 때 쓴다.

너와 나는 선생님을 바라본다. → Toi et moi, nous regardons un professeur.
그와 그녀는 학교에 있다. → Lui et elle, ils sont à l'école.
너와 그들은 집에 있다. → Toi et eux, vous êtes dans la maison.

위의 경우 여러 사람 중 1인칭이 하나라도 있으면 1인칭 복수로, 2인칭이 하나라도 있으면 2인칭 복수로 동사를 일치시킨다.

단, 1인칭과 2인칭이 같이 쓰였을 경우에는 1인칭에 일치시킨다. 즉 인칭 수 빠른 것의 복수형에 동사를 일치 시켜 주면 된다.

5. "Trouver 동사 + 직접 목적 보어 + 직접 목적 보어 속사"는 〈~를 ~하다고 생각한다〉로 해석한다.

Vous trouvez Marie belle. 당신은 마리가 아름답다고 생각한다.
Je ne trouve pas les frères d'Emma désagréables. 나는 엠마의 오빠들이 불쾌하다고 생각되지 않는다.

직접 목적 보어 속사는 직접 목적 보어의 성과 수에 항상 일치시킨다.

Je trouve Paul. 나는 뽈을 발견한다.
– 이 문장에는 Paul 뒤에 형용사(직접 목적 보어 속사)가 없으므로 '발견하다'이다.

6. tous + 소유 형용사 + 남성 명사 복수 ⇒ 모든 ~의 ~들
toutes + 소유 형용사 + 여성 명사 복수 ⇒ 모든 ~의 ~들

tous tes amis 모든 너의 친구들
toutes tes amies 모든 너의 여자 친구들

7. 부정의문문에 대한 긍정의 답은 Si이다.

Est-ce que tu n'aimes pas Marie?
Si, j'aime Marie.

12

Nous ferons les magasins avec des amis français.

🔊 미리 한 번 들어 보아요.

Bientôt, nous habiterons à Paris.

Dans les rues de Paris, on parle français.

Dans notre pays aussi, on marche sur les trottoirs.

Dans les rues de Paris, on voit beaucoup de choses.

et nous verrons aussi beaucoup de choses

Nous ferons les magasins avec des amis français.

La Tour Eiffel est-elle dans votre pays?

Est-ce que le Sacré-Cœur est dans votre pays?

A Paris, dans la rue de Rivoli, il y a le Louvre.

Le Louvre est un palais et un musée.

ÉCOUTER

Bientôt, nous habiterons à Paris.
Nous marcherons dans les rues de Paris.

Dans les rues de Paris, on parle français.
Dans notre pays aussi, on marche sur les trottoirs,
mais on ne parle pas français.

Dans les rues de Paris, on voit beaucoup de choses,
et nous verrons aussi beaucoup de choses.

Nous ferons les magasins avec des amis français.
En France, on achètera beaucoup de choses.

La Tour Eiffel est-elle dans votre pays?
Le Louvre est-il dans votre pays?
Est-ce que le Sacré-Cœur est dans votre pays?

- Non, la Tour Eiffel, le Louvre et le Sacré-Cœur sont à Paris.
Ce sont des monuments français.

A Paris, dans la rue de Rivoli, il y a le Louvre.
Le Louvre est un palais et un musée, c'est un grand monument.

Il y a beaucoup de monuments en France.

듣기

곧, 우리들은 빠리에서 살 것이다.
우리들은 빠리의 거리들에서 걸을 것이다.

빠리의 거리들에서는 사람들이 프랑스어로 이야기한다.
우리 나라에서도 역시 사람들은 보도 위를 걸어 다니지만 프랑스어로 말하지 않는다.

빠리의 거리들에서 사람들은 많은 것들을 본다.
우리도 역시 많은 것들을 보게 될 것이다.

우리는 프랑스 친구들과 함께 쇼핑을 할 것이다.
프랑스에서 사람들은 많은 것들을 살 것이다.

에펠탑은 당신 나라에 있습니까?
루브르 박물관은 당신 나라에 있습니까?
싸크레–꿰르 성당은 당신 나라에 있습니까?

– 아니오, 에펠탑, 루브르 박물관, 그리고 싸크레–꿰르 성당은 빠리에 있습니다.
그것들은 프랑스의 기념물들 입니다.

빠리의 리볼리 가에는 루브르 박물관이 있다.
루브르는 궁전이며 박물관이다. 그것은 유명한 기념물이다.

프랑스에는 많은 기념물들이 있다.

알고가요

le trottoir : 보도

voir : 보다 (voir un film 영화를 보다)

la chose : 물건, 것, 사물

faire les magasins : 장보다, 쇼핑하다 (= faire les boutiques)

le monument : 기념물

le palais : 궁전

le musée : 박물관

조금만 더

- **habiter à + 도시명 :** ~에 살다 (habiter en + 여성 국가, habiter au + 남성 국가)
- **beaucoup de + 무관사 명사 (수, 양) :** 많은~
- **faire :** 만들다, 하다, (길이, 무게, 치수, 가격 등) ...이다

  단순 미래 : Je ferai, Tu feras, Il fera, Nous ferons, Vous ferez, Ils feront
- **acheter :** 사다

  현재 변화 : J'achète, Tu achètes, Il achète, Nous achetons, Vous achetez, Ils achètent

  미래 변화 : J'achèterai, Tu achèteras, Il achètera, Nous achèterons, Vous achèterez, Ils achèteront
- **avoir :** 가지다 – J'ai, Tu as, Il a, Nous avons, Vous avez, Ils ont

  Il y a + 명사 + 장소 : ~에 ~이 있다 (비인칭표현)

1. 3군 불규칙 동사 voir (보다) 현재 및 미래 변화

voir 동사 현재 변화

Je vois	Nous voyons
Tu vois	Vous voyez
Il voit	Ils voient

미래형 역시 불규칙이므로 암기해야 한다.

Je verrai	Nous verrons
Tu verras	Vous verrez
Il verra	Ils verront

2. et (그리고) 는 어느 경우라도 절대로 뒤 쪽으로는 연음을 하지 않는다. est와 발음상 혼동이 있을 수 있기 때문이다.

Le Louvre est un palais et / un musée.

3. Il y a는 "~이 있다"라는 프랑스어 만의 특수 관용어 표현으로 의문형태는 Y a-t-il ~? (= Est-ce qu'il y a ~), 부정 표현은 Il n'y a pas de ~로 한다.

Il y a des monuments dans le village. 그 마을에는 기념물들이 있다.

Y a-t-il des monuments dans votre quartier? 당신의 동네에는 기념물들이 있습니까?
Non, il n'y a pas de monuments dans mon village. 저의 마을에는 기념물들이 없습니다.

Il n'y a pas ~의 부정문 형태에서도 부정관사 (un, une, des)나 부분관사 (du, de la)는 부정의 de로 바뀐다.

Il n'y a pas de fleurs dans la rue. 그 길에는 꽃들이 없다.

호텔 레스토랑이나 일반인들이 자주 가는 레스토랑에 가면 종업원이 손님들에게 인사 후 바로 Vous êtes combien? (몇 분이시죠?)이라고 물어본다. 둘이 갔을 경우에는 On est deux.라 하면 된다.

레스토랑에서 종업원에게 비프스테이크를 주문하면 바로 Quelle cuisson? (어떻게 구워드릴까요?)라 물어본다. 이럴 경우에 Bien cuit. (웰던 – 많이 익힌 것)를 기억해 두지 않으면 안된다. 영어의 medium은 à point, rare는 saignant이라고 한다.

또한 프랑스에서의 아침 식사 (le petit déjeuner)는 블랙커피(un espresso)나 까페오레(un café au lait), 그 외에 크로와상(un croissant)이나 버터 바른 빵(une tartine)과 같은 가볍게 먹을 수 있는 것들이 주로 나온다. 호텔이나 까페에서 아침 식사를 주문하여도 배를 채울 만한 것은 안 나오는 것이 보통이다. 평소에 아침 식사를 많이 하는 습관이 있는 사람은 이 점을 미리 생각해 두는 것이 좋을 것이다.

13

Avez-vous compris toutes les leçons de ce livre?

6·· 미리 한 번 들어 보아요.

j'étudie la treizième leçon

Hier, j'ai étudié la douzième leçon.

Marie aussi a étudié treize leçons, elle parle assez bien français.

Elle a fini 13 leçons, mais il reste tant de leçons à étudier.

Elle a déjà lu beaucoup de livres.

A la fin du livre, nous parlerons beaucoup mieux.

Pierre parle-t-il déjà bien? - Non, pas encore.

mais en France, il parlera tous les jours français

Avez-vous compris toutes les leçons de ce livre?

Parlez-vous bien ou mal?

 ÉCOUTER

Aujourd'hui je travaille : j'étudie la treizième leçon.
Hier, j'ai étudié la douzième leçon.

Pierre a étudié 13 leçons avec sa sœur, il parle un peu français.
Marie aussi a étudié treize leçons, elle parle assez bien français.

Elle a fini 13 leçons, mais il reste tant de leçons à étudier.

Elle a déjà lu beaucoup de livres et elle a bien répondu aux questions de ses professeurs. Elle a beaucoup travaillé pour bien parler français.

Pour bien parler français, nous étudierons toutes les leçons de ce livre. A la fin du livre, nous parlerons beaucoup mieux. Mais nous travaillerons encore longtemps et nous étudierons beaucoup d'autres leçons dans d'autres livres pour bien parler la langue française.

Pierre parle-t-il déjà bien? - Non, pas encore.

Dans son pays, il ne parle pas souvent français,
mais en France, il parlera tous les jours français.

Avez-vous bien travaillé?

Avez-vous compris toutes les leçons de ce livre?

Parlez-vous bien ou mal?

Comment parlez-vous?

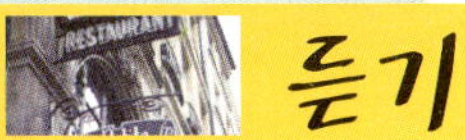

오늘 나는 공부한다 : 나는 13과를 공부하고 있다.
어제, 나는 12과를 공부했다.

삐에르는 여동생과 함께 열 세 개의 과들을 공부했다. 그는 프랑스어를 약간 말한다.
마리 역시 열 세 개의 과들을 공부했다. 그녀는 충분히 잘 프랑스어를 말한다.

그녀는 열 세 개의 과들을 끝냈지만, 많은 과들을 공부할 것이 남아 있다.

그녀는 이미 많은 책들을 읽었다. 그녀는 선생님들의 질문들에 잘 대답했다.
그녀는 프랑스어를 잘 말하기 위해 많이 공부했다.

프랑스어를 잘 말하기 위해서 우리들은 이 책의 모든 과들을 공부할 것이다. 이 책의 끝에 가서, 우리들
은 훨씬 더 잘 말할게 될 것이다. 그러나 우리들은 더 오랫동안 공부할 것이고, 프랑스 말을 유창하게
말하기 위해서, 다른 책들 속에 있는 많은 다른 과들을 공부할 것이다.

삐에르는 이미 잘 말합니까? 아니오, 아직 아닙니다.

그의 나라에서, 그는 자주 프랑스어를 말하지 않는다.
그러나 프랑스에서 그는 매일 프랑스어를 말할 것이다.

당신은 열심히 공부했습니까?

당신은 이 책의 모든 과들을 이해했습니까?

당신은 유창하게 말합니까, 혹은 서투르게 말합니까?

당신은 어떻게 말합니까?

알고가요

treizième : 13번째의

douzième : 12번째의

un peu : 약간

assez : 충분히, 꽤

lire : 읽다 (과거분사는 lu - J'ai lu)

à la fin de ~ : ～의 끝에 가서는

mieux : 더잘 (bien의 비교급)

encore : 아직, 더, 또

longtemps : 오랫동안

autre : 다른

la langue : 언어

déjà : 이미, 벌써

pas encore : 아직 아니다

mal : 서투르게, 잘못, 나쁘게 ↔ bien 잘

comment : 어떻게

pour : 위하여

 ## 조금만 더

- **il reste + 명사 + à + inf :** ～할 ～이 남아있다 (비인칭 표현)
- **tant de + 무관사 명사 (수,양) :** 그렇게 많은, 너무 많은 (= tellement de ~)
- **répondre :** 대답하다 – Je réponds, Tu réponds, Il répond, Nous répondons, Vous répondez, Ils répondent (과거 분사는 répondu - J'ai répondu)
- **tous les jours :** 매일 (= chaque jour) – tous les soirs 저녁마다 (= chaque soir = le soir), tous les matins 아침마다 (= chaque matin = le matin)
- **comprendre :** 이해하다 – Je comprends, Tu comprends, Il comprend, Nous comprenons, Vous comprenez, Ils comprennent (과거 분사는 compris - J'ai compris)
- **avoir :** 가지다 – J'ai, Tu as, Il a, Nous avons, Vous avez, Ils ont
  Il y a + 명사 + 장소 : ～에 ～이 있다 (비인칭표현)

1. 복합 과거 만드는 법 – avoir를 조동사로 하는 동사들

복합 과거는 avoir 동사나 être 동사의 현재 변화에 과거 분사를 붙여 함께 만든다.
대부분의 동사는 avoir를 조동사로 하여 복합 과거를 만든다.

과거 분사는 1군 동사인 경우에는 원형 어미 ~er를 ~é의 형태로만 바꿔주면 된다.

Nous avons beaucoup travaillé et nous avons bien étudié.
우리들은 많이 공부했고, 우리들은 열심히 공부했습다.

Vous avez assez étudié. 당신은 충분히 공부했습니다.

2군 동사인 경우에는 원형 어미 ~ir를 ~i의 형태로만 바꿔주면 된다.

J'ai fini mon travail. 나는 일을 끝냈다.

Vous avez réussi à l'examen? 당신은 시험에 합격했습니까? – réussir à ~ : ~에 성공하다

3군 동사인 경우에는 불규칙 변화하나 같은 그룹끼리는 항상 같이 변화하므로 함께 암기해야 한다.

Tout cela a été très rapide. 그 모든 것은 매우 빨랐다. – cela : 그 것 / été : être 동사의 과거형

J'ai eu des professeurs aimables à l'Institut SHIN JS.
나에게 친절히 대해주셨던 선생님들이 신중성어학원에 있었다. – eu : avoir 동사의 과거형

J'ai appris le français il y a deux mois à l'Institut SHIN JS.
나는 2달 선에 신숭성어학원에서 프랑스어를 배웠다. – appris : apprendre 동사의 과거형

2. 3군 주요 동사 과거 분사형

avoir 가지다 – J'ai eu / être ~이다 – J'ai été,
faire 하다 – J'ai fait / voir 보다 – J'ai vu,
entendre 듣다 – J'ai entendu / ouvrir 열다 – J'ai ouvert
dire 말하다 – J'ai dit / mettre 놓다 – J'ai mis
prendre 잡다 – J'ai pris / boire 마시다 – J'ai bu
écrire 쓰다 – J'ai écrit / lire 읽다 – J'ai lu
vouloir 원하다 – J'ai voulu / pouvoir 할수있다 – J'ai pu
savoir 알다 – J'ai su / pleuvoir 비인칭 동사 : 비오다 – Il a plu 등

3. mieux(더 잘)는 bien(잘)의 비교급이다.

Vous parlez bien français. 당신은 프랑스어를 잘 말합니다.
Elle parle mieux français. 그녀는 프랑스어를 더 잘 말합니다.

노틀담 성당

14

On ne travaille pas sept jours de suite.

🔊 미리 한 번 들어 보아요.

Il sort de son usine à 17 heures 30.

mais ils travaillent seulement cinq jours

On ne travaille pas sept jours de suite.

avant-hier, mercredi, ils ont aussi travaillé

dimanche, ils ne travailleront pas non plus

ainsi qu'ils ne travaillent pas les jours fériés

Combien d'heures Marie travaille-t-elle par jour?

Quels jours travaillez-vous?

ÉCOUTER

Le matin Marie étudie pendant quatre heures : de huit heures à midi.
Pierre travaille toute la journée à l'usine. Il sort de son usine à 17 heures 30.

Il y a sept jours dans une semaine, mais ils travaillent seulement cinq jours :
le lundi, le mardi, le mercredi, le jeudi et le vendredi.

On ne travaille pas sept jours de suite.
Personne ne travaille tous les jours de la semaine.

Quel jour sommes-nous aujourd'hui?
Aujourd'hui, c'est vendredi, Pierre et Marie travaillent.

Hier jeudi, ils ont travaillé, avant-hier mercredi, ils ont aussi travaillé.
Mais, demain samedi, ils ne travailleront pas, puis après-demain dimanche, ils ne travailleront pas non plus, ainsi qu'ils ne travaillent pas les jours fériés.

Où travaillent-ils?
Pierre travaille à l'usine et sa sœur en classe.

Combien d'heures Marie travaille-t-elle par jour?

Combien d'heures travaillez-vous?

Quels jours travaillez-vous?

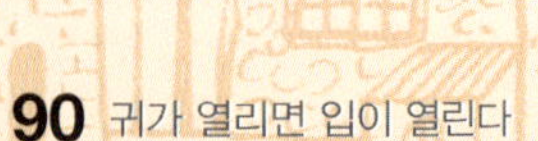

듣기

매일 아침 마리는 네 시간 동안 공부한다 : 여덟 시에서 부터 정오까지.
삐에르는 하루종일 공장에서 일한다. 그는 공장에서 부터 17시 30분에 퇴근한다.

일주일에는 7일이 있다. 그러나 그들은 단지 5일만 일한다 :
월요일, 화요일, 수요일, 목요일, 금요일.

사람들은 계속해서 7일을 일하지 않는다.
어느 누구도 일주일 내내 일하지 않는다.

오늘은 무슨 요일입니까?
오늘은 금요일입니다. 삐에르와 마리는 일한다.

목요일인 어제, 그들은 일했다. 그저께인 수요일 역시 그들은 일했다.
그러나 토요일인 내일 그들은 일하지 않을 것이다. 그리고 내일 모레 일요일에는,
국경일에 그들이 일을 안하듯이 역시 일하지 않을 것이다.

그들은 어디에서 일합니까?
삐에르는 공장에서 일하고, 그의 여동생은 교실에서 공부합니다.

마리는 하루에 몇 시간씩 공부합니까?

당신은 몇 시간씩 공부합니까?

당신은 어떤 날들에 공부합니까?

알고가요

le matin : 아침마다

pendant : ～ 동안

la semaine : 주, 일주일

seulement : 오직, 단지

de suite : 계속해서, 연달아서

quel, quelle, quels, quelles : 어떤

avant-hier : 그저께

après-demain : 내일 모레

ne ~ pas non plus : 역시 ～이 아니다 (aussi의 부정형)

ainsi que ~ : 와 마찬가지로, ～와 같이

le jour férié : 국경일

par jour : 하루에 (par semaine 주당, par mois 한달에)

puis : 그리고, 이어서

 조금만 더

- **toute la journée :** 하루종일 – toute la matinée 오전내내, toute la soirée 저녁내내, toute la semaine 일주일내내, toute l'année 일년내내
- **sortir :** 나가다, 외출하다 – Je sors, Tu sors, Il sort, Nous sortons, Vous sortez, Ils sortent
- **Personne ne + 동사 :** 어느 누구도 ～ 하지 않다
- **combien de + 무관사 명사 (수, 양) :** 얼마나 많은 ～

1. de A à B (A에서부터 B까지)

de A à B는 장소뿐만 아니라 시간에도 사용된다.

Il marche de la station au grand magasin. 그는 역에서부터 백화점까지 걸어간다.
Elle étudie de huit heures à midi. 그녀는 8시에서 부터 정오까지 공부한다.

2. Personne ne + 동사 ~ (어느 누구도 ~하지 않다)
주어 + ne + 동사 + personne (~는 어느 누구를 ~하지 않다.)

부정의 표현으로 pas 없이 사용되어 부정문을 나타낸다.

Personne ne travaille pendant toute une semaine. 어느 누구도 일주일 내내 일하지 않는다.

이럴 경우의 personne는 부정 대명사이며 주어로 쓰였고, ne는 동사 앞에 놓는다.

On ne voit personne dans la rue. 그 길에는 어느 누구도 보이지 않고 있다.

3. ne ~ pas non plus (역시 ~하지 않다)

aussi의 부정 표현이다.

Ils travaillent aussi pendant quatre heures. 그들은 역시 4시간 동안 일한다.
Ils ne travaillent pas non plus le dimanche. 그들도 역시 일요일에는 일하지 않는다.

4. Travailler (공부하다, 일하다)

travailler는 "공부하다"와 "일하다"라는 두 가지 뜻으로 쓰인다.
문맥에 따라 정확한 해석을 해야만 한다.

Il travaille à l'école. 그는 학교에서 공부한다.
Il travaille à l'usine. 그는 공장에서 일한다.

5. Combien de + 무관사 명사 – 얼마나 많은

Combien d'heures travaillez-vous? 당신은 얼마나 많은 시간을 공부합니까?

Combien d'heures Marie travaille-t-elle par jour? 마리는 하루에 몇 시간 공부합니까?

이럴 경우에는 명사가 주어이므로 동사 뒤에 그 명사를 대명사로 받아 도치시킨다.

Combien de ~는 양을 나타내는 명사 앞에서도 쓰일 수 있다.

Combien de lait prenez-vous par jour? 당신은 하루에 얼마만큼의 우유를 마십니까?

파리의 가운데를 가로지르는 세느강

15

Elle est allée acheter une armoire.

미리 한 번 들어 보아요.

Ce matin Marie a fait sa chambre.

Elle est sortie à 9 heures de chez elle.

Elle est allée acheter une armoire.

Elle a comparé les prix. Enfin, elle a choisi une belle armoire.

Son lit est loin de la fenêtre, à gauche, au coin de la chambre.

L'armoire est près de la porte à droite.

Au-dessus de son lit, il y a un tableau.

Sous son lit, il y a son sac et ses pantoufles.

mais la cheminée n'est pas un meuble

Quand avez-vous acheté les meubles?

ÉCOUTER

Ce matin Marie a fait sa chambre. Elle est sortie à 9 heures de chez elle.
Elle est allée acheter une armoire au magasin de meubles.

Elle a comparé les prix. Enfin, elle a choisi une belle armoire.
Elle a acheté l'armoire. Elle est rentrée à 11 heures,
et elle a installé sa nouvelle armoire.

Dans la chambre de Marie, il y a un lit, une table, deux chaises, deux fauteuils
et la nouvelle armoire. Son lit est loin de la fenêtre, à gauche,
au coin de la chambre.

L'armoire est près de la porte à droite. La table est à gauche de la pièce.

A côté de son lit, il y a une petite table avec une lampe. Au-dessus de son lit,
il y a un tableau. Sous son lit, il y a son sac et ses pantoufles.

Marie a beaucoup de livres. Elle range ses livres dans la bibliothèque.

Le lit, la table, les chaises, l'armoire et la bibliothèque sont des meubles ;
mais la cheminée n'est pas un meuble.

Dans votre chambre, où sont les meubles?

Quand avez-vous acheté les meubles de votre chambre?

Avez-vous beaucoup de livres dans votre bibliothèque?

듣기

오늘 아침 마리는 그녀의 방을 청소했다. 그녀는 집에서 부터 9시에 나왔다.
그녀는 옷 장을 사러 가구점에 갔다.

그녀는 가격들을 비교했다. 마침내, 그녀는 아름다운 옷 장 하나를 골랐다.
그녀는 그 옷장을 샀다. 그녀는 11시에 집으로 돌아 와서 새 옷장을 배치했다.

마리의 방에는 한 개의 침대, 한 개의 책상, 두 개의 의자, 두 개의 안락 의자,
그리고 새 옷장이 있다. 그녀의 침대는 창문에서 멀리, 방의 깊숙한 곳, 왼쪽에 있다.

옷 장은 문 가까이 오른쪽에 있다. 책상은 방 왼쪽에 있다.

그녀의 침대 바로 옆에는 램프와 함께 작은 탁자가 있다. 침대 바로 위에는 그림이 있다.
침대 밑에는 그녀의 가방과 슬리퍼가 있다.

마리는 많은 책들을 가지고 있다. 그녀는 책들을 책장에 정돈한다.

침대, 책상, 의자, 옷 장과 책장은 가구들이다 : 그러나 벽난로는 가구가 아니다.

당신의 방에는 가구들이 어디에 있습니까?

당신은 당신의 방에 있는 가구들을 언제 샀습니까?

당신은 당신의 책장에 많은 책들을 가지고 있습니까?

알고가요

faire sa chambre : 자신의 방을 정리하다

l'armoire : 옷장, 찬장

le magasin de meubles : 가구점

comparer : 비교하다

le prix : 가격, 요금, 상, 경품, 상품

enfin : 결국, 마침내

choisir : 선택하다, 고르다 – 2군 규칙 동사

rentrer : 귀가하다, 되돌아가다

installer : (가구 등을) 배치하다

nouveau, nouvelle, nouveaux, nouvelles : 새로운

le fauteuil : (팔걸이가 있는 1인용) 소파, (극장의) 좌석 – le fauteuil d'orchestre 1등석

à gauche : 왼쪽에 ↔ à droite : 오른쪽에

au coin de ~ : ～의 깊숙한 곳에, ～의 모퉁이에

la pièce : 방 (= la chambre), 조각, 낱개, 희곡

à côté de ~ : ～의 바로 옆에

au-dessus de ~ : ～의 바로 위에 ↔ au-dessous de ~ : ～의 바로 아래에

la pantoufle : 슬리퍼, 실내화

la bibliothèque : 책장, 도서관, 서재

la cheminée : 벽난로, 굴뚝

 ## 조금만 더

- **ce matin :** 오늘 아침 (cet après-midi 오늘 오후, ce soir 오늘 저녁, cette semaine 이번 주, ce mois 이번달에, cette année 올해)

- **aller + 동사 원형 :** ～하러 가다 (왕래 발착이나 장소 이동을 나타내는 동사 뒤에 동사 원형이 오면 목적을 나타내 '～하러 ～하다'라는 식으로 번역이 된다.
  특히 'aller + 동사 원형'은 문맥에 따라 '곧 ～ 할 것이다'라는 근접 미래의 의미로도 쓰인다.
  Elle va partir. 그녀는 곧 떠날 것이다.
  반대로 'venir de + 동사 원형'은 근접 과거를 나타내 '방금 ～ 했다'라는 뜻으로 쓰인다.
  Elle vient de partir. 그녀는 방금 떠났다.

1. 복합 과거 만드는 법 – être를 조동사로 하는 동사들

대다수의 프랑스어 동사들이 복합 과거로 만들때 조동사로 avoir를 쓰지만, 장소 이동이나 왕래 발착의 뜻을 갖는 자동사들은 조동사로 être를 이용 한다.

être를 취하는 동사들의 과거 분사는 항상 주어의 성과 수에 일치 시켜야만 한다는 것에 주의를 해야 한다.

Elle est allée au cinéma. 그녀는 영화관에 갔다.
Elles sont venues ensemble. 그녀들은 함께 왔다.

être를 조동사로 취하는 주요 동사들

aller가다 – Elle est allée / venir오다 – Elle est venue
entrer들어가다 – Elle est entrée / sortir나가다 – Elle est sortie
arriver도착하다 – Elle est arrivée / partir떠나다 – Elle est partie
monter올라가다 – Elle est montée / descendre내려가다 – Elle est descendue
tomber떨어지다 – Elle est tombée / mourir죽다 – Elle est morte
naître태어나다 – Elle est née / rester머무르다 – Elle est restée 등

2. même은 관사 다음에 쓰이면 '같은' 이란 뜻을 같는다.

le même bouquin : 같은 책
la même place : 같은 자리
les mêmes meubles : 같은 가구들

관사 앞에 쓰일 경우에는 부사로서 '~조차'란 뜻을 갖는다는 것에 주의해야 한다.

même le livre : 그 책 조차도
même l'hiver : 겨울일지라도

3. 장소를 나타내는 주요 전치사들

près de la table : 책상 가까이에

loin du jardin : 정원에서 멀리에

à côté des arbres : 나무들 바로 옆에

au milieu du jardin : 정원 한가운데에

à gauche de la chambre : 방의 왼쪽에

à droite des fleurs : 꽃들의 오른쪽에

au-dessus du lit : 침대 바로 위에

au-dessous de la chaise : 의자 바로 아래에

몽마르뜨 언덕 싸크레-꿰르 성당

16

Il fait la grasse matinée.

🔊 미리 한 번 들어 보아요.

Le réveil est sur la table de nuit, à côté du lit.

le réveil n'a toujours pas sonné

Il reste au lit jusqu'à dix heures du matin.

Il fait la grasse matinée.

elle est debout depuis sept heures moins le quart

Elle marche dans l'appartement d'une pièce à l'autre et réveille Pierre.

Marie, as-tu l'heure? Mon réveil ne marche plus, il est arrêté.

Toi, tu es un grand paresseux!

Tu fais du rangement?

N'est-elle pas dans l'armoire?

Marie, est-ce que tu l'as trouvée?

Ah! je l'ai trouvée, elle est sur le fauteuil de ma chambre.

Et, à ma montre, il n'est pas neuf heures et demie.

Tu trouves toujours tout. Moi, je ne trouve jamais rien.

ÉCOUTER

Il est sept heures dix. Le réveil est sur la table de nuit, à côté du lit,
mais il n'a pas sonné. Il est sept heures et quart, le réveil n'a toujours pas sonné.
Il est sept heures et demie, huit heures moins le quart.....

Quand sonnera-t-il? Eh bien! Il ne sonnera pas aujourd'hui : c'est dimanche!

Pierre reste couché. Il reste au lit jusqu'à dix heures du matin.
Il fait la grasse matinée. Marie n'est plus couchée,
elle est debout depuis sept heures moins le quart, elle est debout depuis
longtemps. Elle marche dans l'appartement d'une pièce à l'autre et réveille Pierre.

Il crie de son lit :

- Marie, as-tu l'heure? Mon réveil ne marche plus, il est arrêté.

- Il est neuf heures et demie. Toi, tu es un grand paresseux!

- Qu'est-ce que tu fais? Tu fais du rangement?

- Non, je cherche ma montre...

- N'est-elle pas dans l'armoire?

- Non.

Plusieurs minutes passent...

- Marie, est-ce que tu l'as trouvée?

- Non, pas encore... Ah! je l'ai trouvée, elle est sur le fauteuil de ma chambre.
Et, à ma montre, il n'est pas neuf heures et demie, il est dix heures dix.

- Tu trouves toujours tout. Moi, je ne trouve jamais rien.

 # 듣기

7시 10분이다. 자명종은 침대 바로 옆, 나이트 테이블 위에 있다. 그러나 울리지 않았다.
8시 15분이다. 자명종은 여전히 울리지 않았다. 7시 30분, 8시 15분 전....

그것은 언제 울릴까요? 아! 그것은 오늘 울리지 않을 것입니다 : 일요일입니다!

삐에르는 누운 채로 있다. 그는 아침 열시까지 침대에 머물러 있다.
그는 늦잠을 자고 있다. 마리는 더 이상 누워있지 않다. 그녀는 7시 15분 전부터 서있다.
그녀는 오래전부터 서있다. 그녀는 아파트의 한 방에서 부터 다른 방으로 걸어 다니고 있다.
그리고 삐에르를 깨운다.

그가 침대에서 부터 소리친다 :

– 마리, 몇 시니? 내 자명종이 더 이상 작동이 되질 않아. 멈췄어.

– 9시 30분이야. 오빠, 오빠는 정말 게으름뱅이구나!

– 너는 뭐하고 있니? 집안 정리하고 있어?

– 아니, 내 시계를 찾고 있어...

– 그것은 옷 장 안에 없니?

– 없어.

몇 분이 지나간다...

– 마리, 그것을 찾았니?

– 아니, 아직 아니야... 아! 그것을 찾았어. 그것은 내 방의 소파 위에 있어.
  그리고 내 시계로는 9시 30분이 아냐. 10시 10분이야.

– 너는 항상 모든 것을 잘 찾는구나. 나, 나는 아무것도 전혀 찾지 못해.

알고가요

Le réveil : 자명종, 기상

la table de nuit : 나이트 테이블 (침대 머리맡에 있는 탁자)

sonner : 울리다

et quart : 15분 (un quart는 1/4을 나타낸다.)

toujours : 항상, 여전히

moins : ～분 전, 덜 (peu '거의 ～ 하지 않다' 의 비교급이다.)

jusqu'à ~ : ～까지

couché,e : 누워있는 ↔ **debout :** 서서, 서있는 (불변한다)

faire la grasse matinée : 늦잠을 자다

ne ~ plus : 더 이상 ～이 아니다

depuis : ～이래로

d'une pièce à l'autre : 한 방에서 다른 방으로

réveiller : 깨우다

crier : 소리지르다

arrêté,e : 정지한, 멈춘, 확고한 (une idée arrêtée 확고한 생각)

le paresseux, la paresseuse : 게으름뱅이

faire du rangement : 정리하다

plusieurs : 몇몇의, 여럿의

 ### 조금만 더

• **rester + 형용사, 과거 분사 :** ～한 채로 있다

• **rester + 장소 :** ～에 머물러 있다

• **ne + 동사 + jamais rien :** 결코 전혀 ～를 하지 못한다

1. 시간의 표현

시간을 말할 때에는 비인칭 구문 Il est ~를 쓴다.

7시 10분이다. → Il est sept heures dix.

* 15분과 45분은 quart (15분)라는 명사를 사용하기도 한다.

7시 15분이다. → Il est sept heures et quart.
7시 45분이다. → Il est sept heures trois quarts.

* 30분은 demi를 사용하기도 한다.

7시 30분이다. → Il est sept heures et demie.

demi는 명사에 뒤에 쓰일 때 성에만 일치시킨다.

* 몇 분전이라는 표현에는 moins을 쓴다.

7시 10분 전이다. → Il est sept heures moins dix.
　　　　　　　 = Il est six heures cinquante. 6시 50분이다.

* 7시 45분이다. → Il est sept heures quarante-cinq.
　　　　　　　 = Il est huit heures moins le quart.
　　　　　　　 = Il est huit heures moins quinze.
　　　　　　　 = Il est sept heures trois quarts.

moins 다음에 quart가 올때만 정관사 le를 써준다.

Il est neuf heures moins le quart. 9시 15분 전이다.

2. 시간을 물어 보는 표현

Quelle heure est-il? = Il est quelle heure?
Avez-vous l'heure? = Vous avez l'heure?
As-tu l'heure? = Tu as l'heure? (친한 사이일 경우)

3. "rester 동사 + 과거 분사, 형용사" → ~한 채로 있다

그 과거 분사, 형용사는 주어의 성과 수에 일치한다.

Il reste couché. 그는 누운 채로 있다.
Elles restent couchées. 그녀들은 누운 채로 있다.

Ils restent calmes. 그들은 조용한 채로 있다.

4. debout (서서)는 부사이므로 변화하지 않는다.

Elles sont debout. 그녀들은 서 있다.
Ils sont debout. 그들은 서 있다.

5. 직접 목적 보어 대명사 le : 남성단수
la : 여성단수
les : 남, 여성복수

직접 목적 보어 대명사 le, la, les는 앞에서 한 번 나온 명사가 직접 목적 보어로 쓰일때 그 명사를 대신하여 받는다. 대명사의 위치는 긍정 명령문을 제외하고 항상 동사 앞이다.

Je regarde Pierre. 나는 삐에르를 바라본다.
→ Je le regarde. 나는 그를 바라본다.

Je regarde Marie. 나는 마리를 바라본다.
→ Je la regarde. 나는 그녀를 바라본다.

Je regarde Paul et Anna. 나는 뽈과 안나를 바라본다.
→ Je les regarde. 나는 그들을 바라본다.

부정문은 무조건 주어 다음에 ne, 동사 다음에 pas이다.

Je ne le regarde pas. 나는 그를 바라보지 않는다.
Je ne les regarde pas. 나는 그들을 바라보지 않는다.

6. **avoir를 조동사로 하는 복합 과거 문장에 있어서 직접 목적 보어 대명사가 조동사 avoir 보다 앞으로 나올 경우에, 그 과거 분사는 그 직접 목적 보어 대명사의 성과 수에 항상 일치시켜 줘야 한다.**

Tu as trouvé ta montre. 너는 너의 시계를 찾았다.
Tu l'as trouvée. 너는 그것을 찾았다.

Vous avez rangé vos chambres. 당신들은 당신들의 방들을 정돈했다.
Vous les avez rangées. 당신들은 그것들을 정돈했다.

7. **ne ~ jamais rien은 ne ~ pas 보다 상당히 강한 부정이다.**

ne ~ jamais : 결코 아니다
Je ne vais jamais au cinéma. 나는 결코 극장에 가지 않는다.

ne ~ rien : 전혀 아니다
Le matin je ne mange rien. 아침에 나는 전혀 먹지 않는다.

Il ne trouve jamais rien. 그는 결코 아무것도 발견하지 못한다.

상대방에게 '~하시면 곤란합니다' 와 '~하시면 안됩니다'라는 표현을 프랑스어로 말하고 싶을 때는 상대방과의 대화 상황에 따라서 그 의미가 바뀌므로 이와 같이 하나의 문장으로 그 의미를 찾아내서 프랑스어 회화로 표현해야 한다는 것에는 어려운 점이 있다.

그러나 상황에 따라 자신이 만든 표현을 만들어 가며 회화 상황을 만들어 나가는 것도 프랑스어 회화 공부의 소중한 일부라고 할 수 있을 것이다.

'~하시면 곤란합니다'와 '~하시면 안 됩니다'도 적극적으로 상대방이 본인이나 제 3자에게 방해를 주어 상대방으로 하여금 그만 두도록 하게 하고 싶을 때는 Arrêtez, s'il vous plaît. 와 같이 말하지 않으면 안 된다.

'~하시면 곤란합니다'와 '~하시면 안됩니다'라고 상대방에게 무엇인가에 대하여 거절하거나 그만두게 하고 싶을 경우에는 상대방에게 말할 때와 게시문으로 나타낼 때는 표현법이 많이 틀려지게 된다.

'무단 주차하시면 안 됩니다'도 게시문에 있어서는 Défense de stationner. 혹은 Il est défendu de garer ici.라 할 수 있고. '낚시 금지'는 La pêche est interdite.라고 할 수있다.

그리고 스위스의 유명한 호수 레만호 (lac Léman)에서는 Il n'est pas interdit de jeter les ordures dans cette poubelle. '쓰레기를 이 쓰레기통에 버리는 것은 금지되어 있지 않습니다'라는 게시문을 자주 볼 수 있는데, 이는 어디에서나 유명 관광지에서는 '~하지 마세요'라는 표현의 게시문이 너무 많아 '~하는 것은 금지가 안 되어있다'라는 표현으로 공공질서를 지거달고고 이이리너히게 게시한 것 같다.

17

Quelquefois, on se regarde dans la glace.

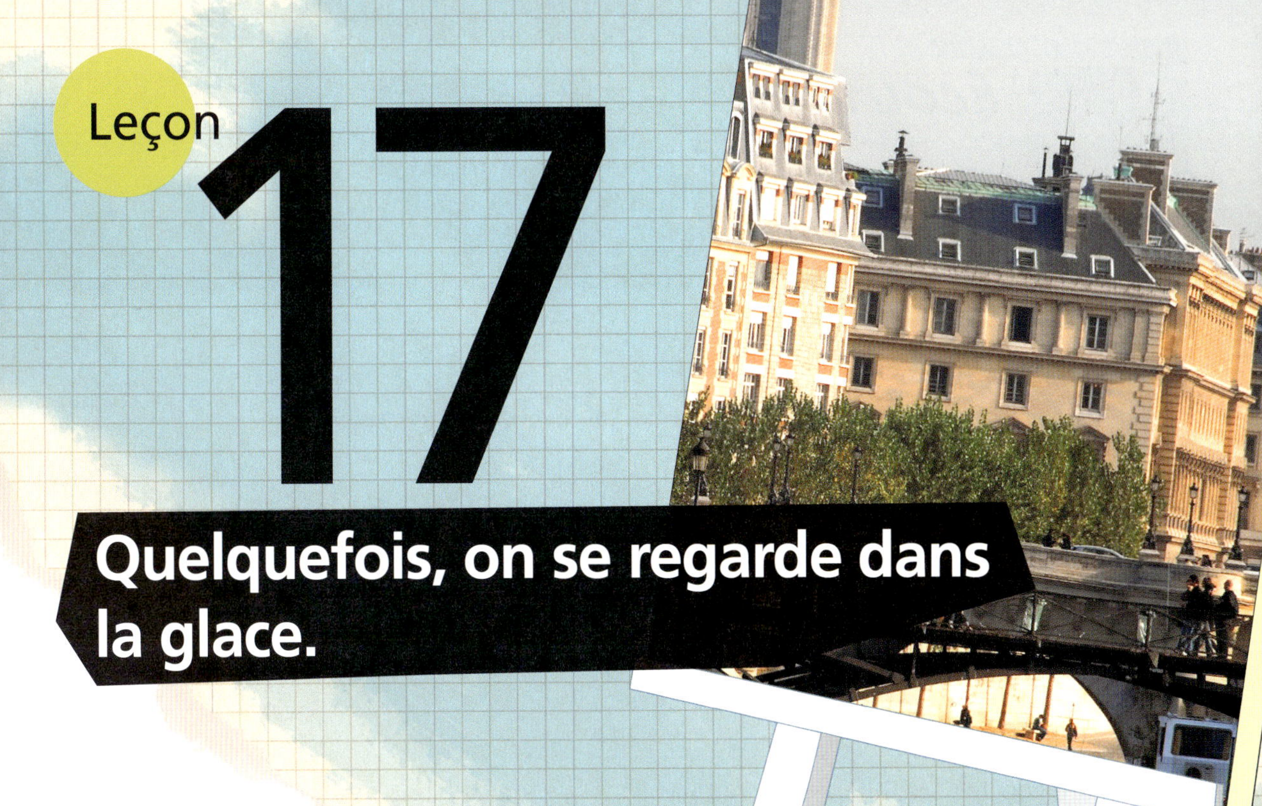

🎧 미리 한 번 들어 보아요.

Marie entend le bruit de l'eau.

mais ça ne vient pas de la cuisine

c'est de la pièce d'à côté

Dans une salle de bain, il y a toujours un lavabo et une baignoire.

Au-dessus du lavabo, il y a une glace.

Quelquefois, on se regarde dans la glace.

Pierre se réveille une heure avant le petit déjeuner.

Ensuite, il s'essuie avec une serviette.

l'eau chaude lave mieux

Moi, je ne le trouve jamais le matin.

Marie lui dit à haute voix.

Cherche-le, tu le trouveras.

ÉCOUTER

Dans la cuisine, Marie entend le bruit de l'eau, mais ça ne vient pas de la cuisine, c'est de la pièce d'à côté. C'est la salle de bain.

Dans une salle de bain, il y a toujours un lavabo et une baignoire.

Au-dessus du lavabo, il y a une glace et souvent on trouve à côté une petite armoire de toilette.

Quelquefois, la glace est sur la porte de l'armoire de toilette :
on se regarde dans la glace.

En général, les toilettes ne sont pas dans la salle de bain.

Pierre se réveille une heure avant le petit déjeuner, il se lève et
il entre dans la salle de bain, il se lave le visage, les mains et les oreilles
à l'eau froide et au savon. Ensuite, il s'essuie avec une serviette.
Il se rase avec son rasoir électrique. Il est propre.

Pour son visage, Pierre préfère l'eau froide : le matin, l'eau froide réveille bien ;
mais pour ses mains et ses pieds, il préfère l'eau chaude et le savon : l'eau chaude
lave mieux.

- Marie, tu sais où est le savon? Moi, je ne le trouve jamais le matin.

Marie lui dit à haute voix.

- Il est dans la petite armoire de toilette. Cherche-le, tu le trouveras.

- Merci, je l'ai trouvé.

듣기

부엌에서 마리는 물소리를 듣는다. 그러나 그것은 부엌에서 나는 소리가 아니다. 그것은 바로 옆 방에서 나는 소리이다. 그 방은 욕실이다.

욕실에는 항상 세면대와 욕조가 있다.

세면대 바로 위에 거울이 있고, 흔히 바로 옆에서 사람들은 조그만 세면용품 보관함을 발견한다.

때때로, 거울이 세면용품 보관함의 문 위에 있다 : 사람들은 그 거울 속에서 자기 자신을 바라본다.

보통, 화장실은 욕실에 없다.

삐에르는 아침 식사 한시간 전에 잠을 깬다. 그는 일어나서 욕실에 들어간다. 그는 찬물과 비누로 얼굴, 손, 귀들을 씻는다. 이어서, 그는 수건을 가지고 닦는다. 그는 전기 면도기로 면도를 한다. 그는 깨끗하다.

얼굴을 씻는데, 삐에르는 차가운 물을 더 좋아한다 : 아침에, 차가운 물은 잠을 잘 깨워 준다. 그러나 손과 발을 위해서 그는 따뜻한 물과 비누를 더 좋아한다. 따뜻한 물은 더 잘 씻어준다.

– 마리, 비누가 어디에 있는지 알아? 나, 나는 아침마다 그것을 결코 찾지 못하겠어.

마리가 그에게 높은 목소리로 말한다.

– 그것은 세면용품 보관함에 있어. 그것을 찾아봐, 오빠는 그것을 찾아낼거야.

– 고마워, 찾았어.

알고가요

le bruit : 소리, 잡음

d'à côté : 옆의

la salle de bain : 욕실

le lavabo : 세면대

la baignoire : 욕조

la glace : 거울, 유리, 얼음, 아이스크림

l'armoire de toilette : 세면용품 보관함

la toilette : 몸치장, 화장, (복수일 경우에) 화장실 (les toilettes)

quelquefois : 때때로, 이따금

se regarder : (자신을) 보다

en général : 보통, 일반적으로

se réveiller : (스스로) 깨다

le petit déjeuner : 아침 식사 (le déjeuner 점심 식사)

se laver : (스스로) 씻다

le visage : 얼굴

la main : 손

l'oreille (f.) : 귀

froid,e : 차가운, 추운 ↔ chaud,e 뜨거운, 더운

le savon : 비누

ensuite : 이어서, 다음에

la serviette : 수건, 냅킨, 서류 가방

propre : 깨끗한 ↔ sale 더러운

se raser : (스스로) 면도하다

le rasoir : 면도기

apporter : 가져오다

à haute voix, à voix haute : 높은 목소리로 ↔ à voix basse 낮은 목소리로

merci : 감사하다, 고맙다

- **entendre :** 듣다 – J'entends, Tu entends, Il entend, Nous entendons, Vous entendez, Ils entendent (과거 분사는 entendu)
- **venir de ~ :** ~에서 부터 오다 – Je viens, Tu viens, Il vient, Nous venons, Vous venez, Ils viennent
- **se lever :** (스스로) 일어나다 – Je me lève, Tu te lèves, Il se lève, Nous nous levons, Vous vous levez, Ils se lèvent
- **s'essuyer :** (스스로) 닦다 – Je m'essuie, Tu t'essuies, Il s'essuie, Nous nous essuyons, Vous vous essuyez, Ils s'essuient
- **préférer = aimer mieux :** 더 좋아하다 – Je préfère, Tu préfères, Il préfère, Nous préférons, Vous préférez, Ils préfèrent
- **savoir :** 알다 – Je sais, Tu sais, Il sait, Nous savons, Vous savez, Ils savent

1. 대명동사 : 재귀적 대명동사 – 행위가 주어 자신에게 돌아오는 것을 말한다.

즉, 자신이 스스로 무엇을 한다는 뜻이다. 주로 타동사 앞에 쓰여 '스스로를' 이란 뜻을 갖는다. 재귀 대명사 se는 직접 보어와 간접 보어가 있다.

se는 주어에 따라 다음과 같이 변한다.

se laver 씻다

Je me lave	Nous nous lavons
Tu te laves	Vous vous lavez
Il se lave	Ils se lavent
Elle se lave	Elles se lavent

On se lave (On은 3인칭 단수 취급)

Je me lave. 나는 씻는다 → 직접 보어
Je me lave les mains. 나는 손을 씻는다 → 간접 보어

대명동사 뒤에 다른 직접 목적 보어가 있으면 재귀 대명사 se는 항상 간접이다.

2. 직접, 간접 목적 보어 대명사의 위치는 긍정 명령문을 제외하고 항상 동사 앞이다.

주격인칭대명사 (~는)	je	tu	il	elle	nous	vous	ils	elles
직접목적보어 (~를)	me	te	le	la	nous	vous	les	les
간접목적보어 (~에게)	me	te	lui	lui	nous	vous	leur	leur
강세형	moi	toi	lui	elle	nous	vous	eux	elles

Ils parlent à leur père. 그들은 그들의 아버지에게 이야기한다.
→ Ils lui parlent. 그들은 그에게 이야기한다.

Ils parlent à leur mère. 그들은 그들의 어머니에게 이야기한다.

→ Ils <u>lui</u> parlent. 그들은 그녀에게 이야기한다.

Ils parlent <u>à leurs amis</u>. 그들은 그들의 친구들에게 이야기한다.
→ Ils <u>leur</u> parlent. 그들은 그들에게 이야기한다.

전치사 다음에는 강세형이 온다.

Ils parlent <u>de leurs amis</u>. 그들은 그들의 친구들에 대해서 이야기한다.
→ Ils parlent <u>d'eux</u>. 그들은 그들에 대해서 이야기 한다.

Ils parlent <u>de Paul</u>. 그들은 뽈에 대해서 이야기한다.
→ Ils parlent <u>de lui</u>. 그들은 그에 대해서 이야기한다.

긍정 명령문에서만 직접, 간접 목적 보어 대명사는 동사 뒤에 위치하는데 me, te는 강세형 moi, toi로 바뀐다.

Tu me donnes la gomme. ▶ Donne-moi la gomme.

부정 명령문이 되면 대명사는 다시 동사 앞으로 와서 원래 모습대로 바뀐다.

Ne me donne pas la gomme.

명령법으로 만드는 요령은 문장에서 주어를 없애고 변화된 동사의 어미가 -es나 -as로 되어 있을 때 주어가 Tu일 경우에만 s를 탈락 시킨다.

Tu vas à l'école. ▶ Va à l'école. 학교에 가.

Vous dites la vérité. ▶ Dites la vérité. 진실을 말하세요.
이 경우는 주어가 Tu가 아니므로 s를 빼면 안된다.

상대방으로부터 음식을 잘 대접받았을 경우에는 자신도 한 번 답례로 대접해야 할 것이라 생각하는게 모든 나라 사람들의 공통적인 생각이다. 아무튼, 상대방과 함께 식사 자리를 같이 할 때마다 신경이 쓰인다. 그렇다고 해서 자기가 식사 값 전체를 매번 혼자 지불하는 것도 좀 쓰라리다. 이런 경우에 한국말로 '각자 부담으로 하자' 라는 말을 하고 싶을 때는 보통 Les bons comptes font les bons amis. (좋은 계산은 좋은 친구를 만든다.) 라고 말한다. 이 표현은 자기 몫은 자기가 지불한다. 라는 뜻이다.

몇 사람이 함께 여러 가지 음식물을 먹었을 때 도대체 누가 얼마나 먹었는지 모른다. 이럴 경우에는 음식 값을 모두가 인원수대로 공평하게 나눈다. 이럴 때 쓰는 표현이 On partage. (함께 나누자.) 또는 Chacun paie sa part.(각자 자기 몫을 내자.)라고도 한다.

외국인은 돈에 관해서는 한국인보다 분명하다. 상대방이 자기 몫을 지불한다고 할 때는 너무 친절하게 계속 자신이 내겠다고 하지 말고 그대로 본인이 내도록 두는 것을 더 좋아한다.

또 상대방을 대접하고 싶을 때 '오늘은 제가 내지요.'라고 말하고 싶을 때는 Vous êtes mon invité(e).라든가 C'est moi qui vous invite.와 같이 식사 전에 말해 두는 게 좋다. 또한 친한 사이끼리는 Je te paie un café. (커피 한잔 살께.)라고도 말한다.

18

Je veux partir tout de suite.

🔊 미리 한 번 들어 보아요.

C'est aujourd'hui vendredi, le dernier jour de travail.

On travaille seulement cinq jours par semaine.

Dix-neuf heures sonnent à l'église.

Après avoir fini son travail, Pierre se repose à la maison.

Les rayons du soleil estival passent par les grandes fenêtres ouvertes.

Pierre et Marie n'habitent plus chez leurs parents depuis deux ans.

J'aime mieux demain! Il est trop tard.

Ce soir, je ne veux pas passer toute la soirée dans cet appartement!

Si, j'ai beaucoup de choses à faire!

Non, il est 19 heures 15.

Je vais leur téléphoner.

Nous quitterons l'appartemet à 19 heures 40.

Je veux partir tout de suite.

Nous avons donc seulement 25 minutes pour nous préparer avant de partir.

ÉCOUTER

C'est aujourd'hui vendredi, le cinquième jour de la semaine et le dernier jour de travail. Le samedi et le dimanche on ne travaille pas. On travaille seulement cinq jours par semaine.

Dix-neuf heures sonnent à l'église, il est 19 heures. Après avoir fini son travail, Pierre se repose à la maison. Il ne travaillera pas avant lundi matin.

La lumière n'est pas allumée dans l'appartement. Les rayons du soleil estival passent par les grandes fenêtres ouvertes. Il fait beau et il fait chaud.

Pierre écoute attentivement les bruits de la rue. Les voitures passent : il y a des voitures vertes, bleues, grises, blanches et noires ; il y a des voitures de toutes les couleurs.

Pierre et Marie n'habitent plus chez leurs parents depuis deux ans.
Ils habitent en ville, mais ils aiment la campagne.

Pierre lui demande :

- Il fait très chaud dans l'appartement. Quand partirons-nous chez les parents?
- Demain! Ce soir, je dois travailler!
- Non, je préfère aujourd'hui!
- J'aime mieux demain! Il est trop tard.
- Ce soir, je ne veux pas passer toute la soirée dans cet appartement!
- Si, j'ai beaucoup de choses à faire!
- Non, il est 19 heures 15. Je veux partir tout de suite et je veux voir mes parents. Je vais leur téléphoner. Il fait moins chaud à la campagne. Nous quitterons l'appartement à 19 heures 40, c'est mon dernier mot!
- Oh, là là. Nous avons donc seulement 25 minutes pour nous préparer avant de partir. Ce n'est pas beaucoup... enfin... tu as toujours le dernier mot.

 **듣기**

오늘은 금요일이다. 주중의 다섯 번째 날이고 일하는 마지막 날이다.
토요일과 일요일에는 일하지 않는다. 사람들은 일주일에 단지 5일만 일한다.

교회에서 19시를 울린다. 19시이다. 일과 후 삐에르는 집에서 쉬고 있다.
그는 월요일 아침까지는 일하지 않을 것이다.

불 빛이 아파트안에 켜져 있지 않다.
여름 햇빛이 열려진 큰 창문을 통하여 들어온다. 날씨는 좋고, 덥다.

삐에르는 거리의 소음들을 주의깊게 듣고 있다. 자동차들이 지나간다 : 초록색, 파란색, 회색, 흰색, 그리고 검은색의 자동차들이 있다 : 모든 색깔의 자동차들이 있다.

삐에르와 마리는 2년 전부터 더 이상 그들의 부모 집에서 살고 있지 않다.
그들은 도시에서 산다. 그러나 그들은 시골을 좋아한다.

삐에르가 그녀에게 묻는다 :

– 아파트 안이 매우 더워. 우리는 언제 부모님 집으로 떠날거야?
– 내일! 오늘 저녁에 나는 공부해야 돼!
– 아니야. 나는 오늘이 더 좋아!
– 난 내일이 더 좋아! 시간이 너무 늦었어.
– 오늘 저녁에 나는 이 아파트 안에서 모든 저녁 시간을 보내길 원하지 않아!
– 아니야, 나는 할 일이 많아!
– 안돼, 19시 15분이야. 나는 당장 떠나기를 원해. 부모님들 보고 싶단말이야.
  나는 전화할거야. 시골에서는 덜 더워. 우리는 19시 40분에 아파트를 떠날거야.
  이것이 나의 마지막 말이야!
– 어휴. 그러면 떠나기 전에 준비할 시간이 단지 25분 밖에 없어! 많은 시간은 아니야...
  결국... 오빠가 항상 이기는구나.

알고가요

cinquième : 다섯번 째의

l'église (f.) : 교회, 성당

se reposer : (스스로) 쉬다, 휴식을 취하다

la lumière : 빛, 불빛

allumé : 불이 켜있는 (allumer 동사의 과거 분사형)

    ↔ éteint 불이 꺼져있는 (éteindre 동사의 과거 분사형)

le rayon : 빛, 광선, 반지름, (백화점, 수퍼 등) 매장, 코너

ouvert,e : 열려진 ouvrir (열다) 동사의 과거 분사

attentivement : 주의깊게

la voiture : 자동차 (= la bagnole)

ne ~ plus : 더 이상 ~ 이 아니다

quitter : 떠나다 (타동사이며 항상 직접 목적 보어와 같이 쓰인다. partir는 자동사이다.)

Il est tard. : (시간이) 늦다 ↔ Il est tôt. (시간이) 이르다

trop : 너무

si : 부정에 대한 긍정의 대답.

tout de suite : 즉시, 당장

donc : 그러면, 그래서, 그런데, 도대체

se préparer : 준비하다

- **estival :** 여름의 (été 여름) – printanier 봄의 (printemps 봄), automnal 가을의 (automne 가을), hivernal 겨울의 (hiver 겨울)

- **il fait ~ :** 날씨를 나타내는 비인칭 표현이다.
  Il fait beau. (날씨가 좋다), Il fait mauvais. (날씨가 나쁘다)
  Il fait chaud. (덥다), Il fait froid. (춥다)

- **devoir + 동사 원형 :** ~해야 한다, ~임에 틀림없다
  Je dois, Tu dois, Il doit, Nous devons, Vous devez, Ils doivent
  (과거 분사는 dû이며, 단순 미래는 Je devrai이다.)

- **devoir + 동사 원형이 안 올때 :** 빚지고 있다 (Je vous dois combien? 얼마를 드려야 됩니까?)

- **vouloir :** 원하다 Je veux, Tu veux, Il veut, Nous voulons, Vous voulez, Ils veulent

- **명사 + à + 동사 원형 :** ~을 해야 할 것 (명사가 동사 원형의 직접 목적 보어로 번역이 될 때 이 뜻을 갖는다. beaucoup de choses à faire (해야 할 많은 것들)
  cf une salle à manger (식당 – une salle이 manger 동사의 직접 목적 보어가 될 수 없으므로 용도를 나타낸다. – 먹는데 쓰이는 방)

- **vouloir + 동사 원형 :** ~하기를 원하다

- **aller + 동사 원형 :** 곧 ~ 할 것이다 (근접미래) ↔ venir de + 동사 원형 (방금 ~ 했다)

- **avant de + 동사 원형 :** ~하기 전에

- **avoir le dernier mot :** 논쟁에서 이기다, 말싸움에서 이기다

- **après + 부정법과거 :** après는 '~후에'란 뜻으로 동사가 올 때에는 항상 avoir 나 être의 원형 다음에 과거 분사가 와야 한다. 이를 부정법 과거라 한다.
  Après avoir mangé~
  Après être sorti~
  프랑스어는 전치사 다음에 항상 동사원형이 와야 한다.

1. **지시 형용사** : 가까이 있거나 멀리에 있는 사물을 칭할 때 쓴다. 명사 앞에서 '이, 저, 그'의 뜻을 갖는다.

   ce – 자음으로 시작하는 남성 단수 명사 앞에서 쓰인다. ce crayon, ce livre
   cet – 모음으로 시작하는 남성 단수 앞에서 쓰인다. cet appartement, cet ami
   cette – 여성 단수 명사 앞에서 쓰인다. cette maison, cette amie
   ces – 남,여 복수 명사 앞에서 쓰인다. ces crayons, ces amis, ces amies

   지시 형용사는 다음의 뜻으로도 쓰인다.

   cet après-midi 오늘 오후
   ce matin 오늘 아침
   ce soir 오늘 저녁

   cette semaine 이번 주
   cette année 올해
   ce week-end 이번 주말

2. **색, 형태, 맛, 기후, 국적, 명암을 나타내는 형용사는 항상 명사 뒤에 위치한다.**

   des voitures vertes 초록색 차들
   des voitures françaises 프랑스 차들
   des couteaux pointus 뾰족한 칼들

3. 색깔을 나타내는 형용사의 여성형 및 복수 형태

구분		단수		복수	
색깔 〱 성별		남성	여성	남성	여성
장미 빛의 (분홍색의)		rose	rose	roses	roses
빨간		rouge	rouge	rouges	rouges
검은		noir	noire	noirs	noires
회색의		gris	grise	gris	grises
흰색의		blanc	blanche	blancs	blanches
파란		bleu	bleue	bleus	bleues
보랏빛의		violet	violette	violets	violettes
밤색의(불변)		marron	marron	marron	marron

4. 부정에 대한 긍정은 si이다.

Je ne passerai pas tout ce samedi dans cet appartement.
나는 이 아파트 안에서 토요일 내내 시간을 보내지 않을거야.

Si, nous passerons tout ce samedi ici!
아니야, 우리는 여기에서 토요일 내내 시간을 보낼거야!

5. 형용사 tout

tout + 지시 형용사 + 남성 단수 명사
toute + 지시 형용사 + 여성 단수 명사
tous + 지시 형용사 + 남성 복수 명사
toutes + 지시 형용사 + 여성 복수 명사

모든 ~ 이(저, 그) ~ (들)

tout cet argent 모든 이 돈
toute cette chambre 모든 이 방
tous ces gens 모든 이 사람들
toutes ces personnes 모든 이 사람들

프랑스어에서는 저것, 이것, 그것 사이의 구별이 영어만큼 분명하지가 않다. 또 단수의 것도 복수의 것도 Qu'est-ce que c'est? (그것은 무엇입니까?) 하나로 다 되니까 편리하다. 그리고 손가락으로 가리키고 Qu'est-ce que c'est? 라고 묻는 것은 대단히 실례인 것 같다. 마치 한국에서 저 그것 말이오 하고 턱으로 가리키는 행위가 대단히 좋지 않은 느낌을 주는 것과 비슷하다. (그런데 재미있는 것은 그 턱으로 가리키는 제스처가 프랑스 사람들에게는 그렇게 쇼킹한 것은 아닌 것 같다.) 그러니까 프랑스에서는 손가락으로 가리키지 말고 cette chose à gauche (왼쪽 그것), à droite (오른쪽), en haut (위 쪽에), en bas (아래 쪽에), devant (바로 앞에) 등과 같이 말로 지시하는게 세련된 표현법이다.

19

En effet, il y habite depuis deux ans.

🎧 미리 한 번 들어 보아요.

Il y a huit mois, **Marie** a quitté le village.

Elle a quitté le lycée pour l'université.

En effet, il y habite depuis deux ans.

Nous sommes en juillet, c'est l'été.

Leurs parents sont inquiets.

Comme toujours, nos enfants sont en retard!

Téléphone donc à la gare.

Ce n'est pas la peine.

Ils ont manqué le train une fois de plus.

Ne t'inquiète pas!

Mais si, téléphone tout de même!

Ne téléphonera-t-il pas?

Il hésite.

Il téléphonera parce que sa femme a toujours le dernier mot.

ÉCOUTER

Dans le train, Pierre et Marie pensent à leurs parents. Ils les aiment beaucoup et ils sont toujours très heureux de passer une journée chez eux.

Il y a huit mois, Marie a quitté le village de ses parents pour la ville. Elle a quitté le lycée pour l'université. A la ville, elle a retrouvé son frère. En effet, il y habite depuis deux ans.

Nous sommes en juillet, dans le pays de Pierre et de Marie, c'est l'été.

Les parents de Pierre et de Marie ont préparé l'arrivée de leurs enfants.

A 22 heures 30, les enfants ne sont pas encore là. Leur train arrivera un peu en retard. Leurs parents sont inquiets.

Inquiète, leur mère dit à leur père :

- Comme toujours, nos enfants sont en retard! Téléphone donc à la gare.

- Mais non! Ce n'est pas la peine. Ils ont manqué le train une fois de plus. Ils arriveront par le prochain train. Ne t'inquiète pas!

- Mais si, téléphone tout de même!

Téléphonera-t-il? Ne téléphonera-t-il pas? Il hésite.
Il téléphonera parce que sa femme a toujours le dernier mot.

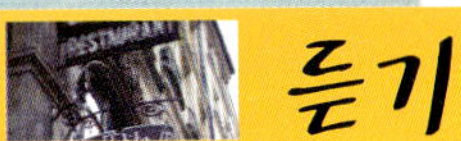

기차 안에서 삐에르와 마리는 부모님을 생각하고 있다. 그들은 부모님을 많이 사랑하며, 부모님 집에서 하루를 보내게 되어서 항상 매우 행복해 한다.

8개월 전에, 마리는 도시로 가기 위해서, 부모님의 마을을 떠났다. 그녀는 대학에 가기 위하여 고등 학교를 졸업했다. 도시에서, 그녀는 오빠를 다시 만났다. 사실, 그는 2년 전부터 그 곳에서 살고 있다.

지금은 7월이다. 삐에르와 마리의 나라에서는 여름이다.

삐에르와 마리의 부모님은 아이들의 도착을 준비했다.

22시 30분에, 아이들은 아직 그 곳에 있지 않다. 열차가 약간 늦게 도착할 것이다. 그들의 부모들은 걱정하고 있다.

초조해하며 그들의 어머니가 아버지에게 말한다 :

– 늘 그렇듯이, 우리 아이들이 늦네요! 역에 전화좀 해봐요.

– 아니, 그럴 필요 없어요. 애들이 기차를 한번 더 놓쳤어요.
  다음 기차로 도착할거에요. 걱정하지 마세요.

– 아니에요. 아무튼 전화해 봐요.

그는 전화할까요? 전화하지 않을까요? 그는 망설입니다.
그는 전화할 것입니다 왜냐하면 그의 부인이 항상 논쟁에서 이기기 때문입니다.

알고가요

le train : 기차

le lycée : 고등학교

retrouver : 다시 만나다

en effet : 사실, 정말이지

l'arrivée (f.) : 도착 ↔ le départ 출발

là : 저기에, 거기에 ↔ ici 여기에

un peu : 약간

en retard : 늦게 (en avance 일찍, à l'heure 제시간에, 시간에 맞게)

inquiet, inquiète : 초조한

comme toujours : 늘 그렇듯이, 여느때처럼

la gare : (기차) 역 – la station (지하철) 역

ce n'est pas la peine. : 그럴 필요가 없다

manquer : (기차 등) 놓치다, 부족하다, 그리워하게 하다

une fois : 한 번

une fois de plus : 한번 더

par : (교통 수단) ～로 (par l'escalier 계단으로, par l'ascenseur 엘리베이터로)

prochain,e : 다음의

mais si : mais는 oui나 non, si 앞에서 강조를 나타낸다.

tout de même : 그렇지만

hésiter : 망설이다, 주저하다

parce que ~ : 왜냐하면 ～이기 때문이다 (= car ~)

l'an(m.) : 년, 해

- **être heureux (heureuse) de + 동사 원형 :** ~해서 행복하다
- **il y a + 시간 :** ~전에 ↔ dans +시간 (~후에)
- quitter 동사는 타동사이므로 복합 과거로 할때 조동사 avoir를 취한다는 것에 주의
- **중성 대명사 y :** 그 곳에, 거기에 ('à + 명사'나 '동사 원형'을 받으며 장소를 받기도 한다.)
- **Nous sommes en + 월, 계절 :** 지금은 ~월이다. 지금은 ~계절이다.
  Nous sommes en (= au mois de) juillet. 지금은 7월이다.
  Nous sommes en hiver. 지금은 겨울이다.
  Nous sommes au printemps. 지금은 봄이다. ('봄' 앞에만 au를 쓴다.)
- **de plus :** 더 – plus de~ (~이상)
  3 heures de plus 3시간 더, plus de 3 heures 3시간 이상
- **Ne t'inquiète pas! :** 걱정하지마. (= s'inquiéter)

1. être heureux de + inf. ~하게 되어서 행복하다.

Elle est heureuse de passer un mois à Paris.
그녀는 빠리에서 한달을 보내게 되어서 행복하다.

2. 중성 대명사 "y" – 그 곳에, 그 곳에서

→ y는 장소를 나타내는 말을 받는다. 위치는 긍정 명령문을 제외하고 동사 앞이다.

Elle va à la ville. 그녀는 도시로 간다.
→ Elle y va. 그녀는 그곳에 간다.

Ils habitent dans la campagne. 그들은 시골에서 산다.
→ Ils y habitent. 그들은 그곳에서 산다.

또한 y는 전치사 'à + 명사'나 'à + 원형'을 받기도 한다.

Elle pense à son pays. 그녀는 자신의 나라를 생각하고 있다.
→ Elle y pense. 그녀는 그것을 생각하고 있다.

Il a réussi à me convaincre. 그는 나를 설득하는데 성공했다.
→ Il y a réussi. 그는 그렇게 하는데 성공하였다.

3. 시간을 나타태는 주요 표현들

il y a + 시간 : ~전에 (현재를 기준으로)
dans + 시간 : ~후에 (현재를 기준으로)

depuis + 시간 : ~이래로

Il a quitté son village il y a dix mois. 그는 10달 전에 그의 마을을 떠났다.
Il quittera son village dans deux mois. 그는 2달 후에 그의 마을을 떠날 것이다.

Il habite à la ville depuis deux ans. 그는 2년 전부터 도시에서 살고 있다.
– 현재까지 살고 있으므로 프랑스어에서는 현재 시제로 한다.

4. 월과 계절을 말할 때 쓰는 표현 Nous sommes ~

Nous sommes en juin. 지금은 6월이다. = Nous sommes au mois de juin.

Nous sommes au printemps. 지금은 봄이다. – 봄에만 au를 쓴다.
Nous sommes en été. 지금은 여름이다.
Nous sommes en automne. 지금은 가을이다.
Nous sommes en hiver. 지금은 겨울이다.

자기가 지금 타고 있는 지하철이나 버스가 옳은가 틀린가를 확인하기 위해서는 C'est bien le train (le bus) pour + 목적지? 라고 말하여 확인한다. 잘 못 탔을 경우에는 Vous vous êtes trompé de train (bus). '잘못 타셨습니다.' 라는 말을 듣게 된다. train이나 bus를 다른 교통수단으로 바꿔 말하면 널리 응용할 수가 있다.

그런데 빠리 시내에서는 버스, 지하철 표가 공통으로 사용되니까 지하철의 창구에서 미리 사두지 않으면 안 된다. 그때마다 사는 것이 귀찮으면 un carnet (10장)를 사두면 편리하다. 창구에서 Un carnet, s'il vous plait.라고 말하면 표 10장을 준다. 한 장씩 살 때보다 가격이 많이 싸다. 물론 오래 체류할 경우에는 월 정기권 (Navigo – 이전에는 Carte orange라 했다)을 신청해서 사용하면 된다. 그리고 빠리 지하철은 표 한 장으로 어느 곳이라도 갈 수 있지만 버스는 2구(section)에 걸쳐서 장거리를 가는 경우에는 표 2장을 써야 한다.

지하철 입구나 버스에 올라타면 Validez votre ticket. (표를 끊어 주십시오.)라고 쓴 기계가 버스 기사 바로 옆이나 뒤에 있으므로 자신이 표를 넣고 찰칵하고 끊어서 갖고 있으면 된다.

또 프랑스 전역의 철도(지하철)역 개찰구에는 사람이 아니고 기계가 표를 끊는다. 칸막이 없이 마음대로 출입할 수 있는 곳도 있기 때문에 어디가 개찰구인지 알기가 어려운 역도 적지 않으므로 N'oubliez pas de composter votre billet. '반드시 표를 끊어주세요'라는 표시가 있는 기계에서 표를 끊고 열차에 오르면 된다. 깜빡 잊거나 바빠서 안 끊고 타면 플랫폼이나 열차(버스) 안에서 상당한 금액의 벌금을 내야 한다.

끊었던 표는 목적지에 도착해서 반드시 개찰구를 나온 후에 버리면 된다. 그래서 프랑스 지하철이나 역 입구에 가면 여기저기에 버려진 지하철 표들을 많이 볼 수 있다.

Ce train les emmènera vers la France.

🎧 미리 한 번 들어 보아요.

Les deux jours à la campagne sont déjà loin.

Chaque jour, leurs parents envoient un email à leurs enfants.

Mais les enfants ont peu de temps.

Ils ne trouvent pas le français difficile.

ils ont eu beaucoup de travail

ils ont eu beaucoup de travail pour tout préparer

Ce soir, ils iront à la gare pour prendre le train pour Paris.

Ce train les emmènera vers la France.

Ils rentreront dans leur pays dans 2 mois.

Marie a nettoyé tout l'appartement.

elle a fermé les volets

Il l'a aidée à tout préparer.

Tout est prêt, ils sont à l'heure. Il faut être à l'heure!

Ils sortent de chez eux.

il y a peu de gens dehors

Ce soir, le train de nuit va les emporter vers la France.

ÉCOUTER

Chaque jour, leurs parents envoient un email à leurs enfants.
Mais les enfants ont peu de temps, ils préfèrent téléphoner.

Pierre et Marie ont bien étudié le français, ils ont bien préparé leur voyage.
Ils ne trouvent pas le français difficile et ils aiment beaucoup cette langue.

Pendant cette dernière semaine, avant leur voyage en France, ils ont eu beaucoup de travail pour tout préparer. Pierre est allé à la banque. Marie a acheté énormément de choses dans les magasins. Elle a aussi acheté des cadeaux pour ses amis parisiens.

Ce soir, ils iront à la gare pour prendre le train pour Paris.
Ce train les emmènera vers la France.

Ils rentreront dans leur pays dans 2 mois.
Ils apporteront beaucoup de cadeaux pour leurs parents et pour leurs amis.

Marie a bien rangé, lavé et nettoyé tout l'appartement et elle a fermé les volets.
Elle a demandé à Pierre de l'aider. Il l'a aidée à tout préparer.

Tout est prêt, ils sont à l'heure. Il faut être à l'heure!

Ils sortent de chez eux. Ils marchent dans la rue.

Dans la rue il n'y a pas de bruit, il y a peu de gens dehors, et
peu de voitures passent. C'est la nuit, tout est calme.

Ils cherchent un taxi. Le taxi arrive et ils montent dans le taxi.

Le taxi va vite, ils arrivent bientôt à la gare.

Ils sont très fatigués, mais heureux. Ils sont en vacances.

Ce soir, le train de nuit va les emporter vers la France.

듣기

매일, 그들의 부모님은 아이들에게 이메일을 보낸다.
그러나 아이들은 시간이 거의 없어서, 전화하는 것을 더 좋아한다.

삐에르와 마리는 열심히 프랑스어를 공부했다. 그들은 그들의 여행을 잘 준비했다.
그들은 프랑스어를 어렵다고 생각하지 않는다. 그들은 이 언어를 많이 좋아한다.

프랑스로 여행하기 전, 이 마지막 주 동안에 그들은 모든 것을 준비하기 위해 많은 일을 가지고 있었다.
삐에르는 은행에 갔다. 마리는 상점에서 무척 많은 것들을 샀다. 그녀는 빠리 친구들을 위해 선물들도
역시 샀다.

오늘 저녁에, 그들은 빠리행 열차를 타기 위하여 역에 갈 것이다.
그 열차가 그들을 프랑스 쪽으로 데려다 줄 것이다.

그들은 2개월 후에 그들의 나라로 돌아 올 것이다.
그들은 부모님과 친구들을 위하여 많은 선물들을 가져올 것이다.

마리는 아파트 전체를 잘 정돈했고, 씻었고, 청소했다. 그리고 그녀는 덧문들을 닫았다.
그녀는 삐에르에게 자기를 도와달라고 부탁하였다. 그는 그녀가 모든 것을 준비하도록 도와주었다.

모든 것이 준비되었다. 그들은 제 시간에 있다. 시간을 지켜야만 된다!

그들은 집에서 부터 나온다. 거리를 걷고 있다.

거리에는 소음이 없다. 밖에는 사람들이 거의 없다. 자동차들이 거의 디니지 잃는다.
밤이다. 모든 것이 조용하나.

그들은 택시를 찾고 있다. 택시가 도착한다. 그들은 택시에 오른다.

택시는 빨리 달리고 있다. 그들은 곧 역에 도착한다.

그들은 매우 피곤하지만 행복하다. 그들은 휴가 중이다.

오늘 저녁에 이 밤 열차가 그들을 프랑스 쪽으로 데려다 줄 것이다.

envoyer : 보내다 – 단순 미래형이 J'enverrai 인 것에 주의.

un email : 이메일

peu de temps : 거의 시간이 없다 (un peu de temps 약간의 시간)

eu [y] : avoir 동사의 과거 형 (J'ai eu)

le volet : 덧문

emmener : 데리고 가다

fermer : 닫다 ↔ ouvrir 열다

prêt,e : 준비된

dehors : 바깥에 ↔ dedans 그 안에

la nuit : 밤

calme : 조용한, 평온한 (= tranquille)

monter : 올라가다 ↔ descendre 내려가다

monter dans ~ : ~에 타다

fatigué,e : 피곤한

être en vacances : 휴가중이다

 **조금만 더**

- **demander à qn(사람) de + inf :** ~에게 ~할 것을 요구하다
- **énormément de + 무관사 명사 :** 무척 많은, 엄청나게 많은
- **aller :** 가다 – 단순 미래형 J'irai, Tu iras, Il ira, Nous irons, Vous irez, Ils iront
- **aider :** 돕다 (aider + 사람 + à + 동사 원형 – ~가 ~하는 것을 돕다)
- **Il faut + 동사 원형 :** ~해야만 된다 (비인칭 falloir 동사 현재형)
  복합 과거는 Il a fallu, 단순 미래형은 Il faudra
- **Il faut + 명사 :** ~이 필요하다 (Il faut 3 heures pour faire ce travail. 이 일을 하기 위해서는 3시간이 필요하다.)
- **aller + 동사 원형 :** 곧 ~ 할 것이다 (근접 미래) – 이 경우에 직접, 간접 목적 보어 대명사의 위치는 aller 동사와 동사 원형 사이에 위치한다.
  - venir de + 동사 원형 : 방금 ~ 했다 (근접 과거)
    Elle vient de sortir. 그녀는 방금 외출했다.

1. aller(가다) 동사의 단순 미래형

J'irai	Nous irons
Tu iras	Vous irez
Il ira	Ils iront

2. "trouver + 직접 목적 보어 + 직접 목적 보어 속사" → ~를 ~하다고 생각하다.

Elle ne trouve pas le français difficile. 그녀는 프랑스어를 어렵다고 생각하지 않는다.

Il trouve Marie heureuse. 그는 마리가 행복하다고 생각한다.

3. 직설법 현재는 가까운 미래를 대신해서 쓸 수 있다.

Il arrive bientôt à la gare. 그가 곧 역에 도착한다.

Il arrivera bientôt à la gare. 그가 곧 역에 도착할 것이다.

4. 근접 미래 : aller + inf

근접 미래는 곧 '~할 것이다'라는 표현으로 회화에서 단순 미래 대신에 많이 쓰인다.
실제 회화에서는 단순 미래 대신에 현재나 근접 미래를 빈번하게 쓴다.

Elle va revenir dans un mois. 그녀는 한 달 후에 돌아 올 것이다.
– 가까운 미래는 아니지만 회화에서는 먼 미래도 근접 미래를 자주 쓴다.

Elle va envoyer des cartes à ses parents. 그녀는 부모님들에게 카드를 보낼 것이다.

5. Il faut + inf : ~해야 한다 / Il faut + 명사 : 필요하다

Il faut는 비인칭 동사 falloir의 직설법 현재 변화이며 미래형은 Il faudra, 복합 과거형은 Il a fallu이다.

Il faut partir. 떠나야 한다.
Il faut être à l'heure. 시간을 지켜야만 한다.

Il faut de la patience pour apprendre des langues étrangères.
외국어를 배우기 위해서는 인내심이 필요하다.

새해맞이 에펠탑 야간 조명

부록 1

청취 시험 준비하기
– 출제 빈도수가 많은 표현 정리

DELF A1,
DELF A2

1. J'ai un rendez-vous à 9 heures et demie. 나는 9시 30분에 약속이 있어.

2. Le train partira à 16 heures 50. 열차는 오후 4시 50분에 떠나.

3. Aujourd'hui, le musée est ouvert de 10h 15 à 19h 15.
오늘 그 박물관은 10시 15분에서 부터 저녁 7시 15분까지 열려 있어.

4. Il est midi 25. 12시 25분이다.

5. Elle va arriver à 13h. 그녀는 오후 1시에 도착할거야.

6. J'habite 15 rue Lepic à Montmartre. 나는 몽마르트에 있는 르삑가 15번지에 살고 있어.

7. Il y a un code à l'entrée de l'immeuble, il faut faire le 36 B 73.
아파트 출입구에 비밀 번호 누르는데가 있는데, 36 B 73을 누르면 돼.

8. Je vous dois combien? - 39 euros 25. 얼마죠? – 39 유로 25입니다.

9. Le train numéro 1492 à destination de Lyon entrera en gare. Voie 6.
리용행 열차 1492호 차가 역으로 들어올 것입니다. 타는 곳은 6번입니다.

10. Le train numéro 1176 à destination de Nice partira à 14h 31. Voie E.
니스행 열차 1176호 차가 14시 31분에 떠날 것입니다. 타는 곳은 E입니다.

11. Il y a un bus pour Jean-Jaurès à 21h 42. Jean-Jaurès에 가는 버스가 21시 42 분에 있습니다.

12. Mon anniversaire? C'est le 26 avril 1986. 내 생일? 1986년 4월 26일이야.

13. Quelle est votre date de naissance? - C'est le 4 mai 1990.
생년월일이 어떻게 되시죠? – 1990년 5월 4일입니다.

14. Je vais partir en France le 12 juillet. 나는 7월 12일에 프랑스로 떠날거야.

15. Entrée : 16 euros. 입장료 : 16 유로
Etudiants et plus 65 ans : 10 euros. 대학생과 65세 이상자는 10유로
Entrée gratuite pour les enfants de moins de 6 ans. 6세 이하의 아동은 무료 입장

16. La jupe verte est à 36 euros, et la rose à 42 euros.
초록색 치마는 36 유로이고, 분홍색은 42 유로입니다.

17. Le billet d'avion, treize cents euros! 비행기 표가 1300 유로라니!

18. On s'est mariés en 2002. 우리는 2002년에 결혼했습니다.

19. Des jupes à 23 euros, des chaussures à 28 euros, des pantalons à 16 euros, des pulls à 19 euros, des chemises à 14 euros.
치마는 23 유로, 신발은 28 유로, 바지는 16 유로, 스웨터는 19 유로, 와이셔츠는 14 유로입니다.

20. Quels jours tu es libre? - Mercredi et jeudi.
너는 어떤 날에 한가하니? – 수요일하고 목요일.

21. Vous devez prendre le bus 95. 당신은 95번 버스를 타야합니다.

22. Le prix a baissé de 8%. 그 가격이 8% 내렸다.

23. Un demi-kilo de pommes de terre! 감자 500 그램입니다.

24. Elle a 2 enfants : un fils de 9 ans et une fille de 7 ans.
그녀는 애가 둘인데 아들은 9살, 딸은 7살이야.

25. Personne suivante ; le numéro 12. 다음 분은 12번입니다.

26. Mon numéro de téléphone, c'est le 02 20 51 82 79. - Merci, monsieur. C'est noté. 제 전화 번호는 02–2051–8279 입니다. – 감사합니다. 선생님. 잘 적어두었습니다.

27. Nous allons passer à l'heure d'été dans 5 minutes. - Vous avancerez vos montres d'une heure.
우리는 5분 후에 썸머 타임에 들어갈 것입니다. 여러분들의 시계를 1시간 앞당겨 주세요.

28. Le chat mange sur le balcon.
고양이가 발코니 위에서 먹고 있다.

29. A l'entrée, il y a un parking avec des arbres. 입구에 나무들이 있는 주차장이 있다.

30. Au centre, il y a une place avec une jolie fontaine.
중앙에는 예쁜 분수가 있는 정원이 있다.

31. J'ai sommeil vers 10 heures. 10시 경에는 나는 졸립다.

32. J'ai une carte bleue, mais je n'ai pas de chéquier.
나는 신용 카드는 있는데 수표책은 없다.

33. Paris est loin de Moscou, c'est à environ 3 800 km.
빠리는 모스크바에서 멀다. 약 3800 km 떨어져 있다.

34. Qu'est-ce que vous faites dans la vie? - Je suis cuisinier.
무슨 일 하시죠? – 요리사입니다.

35. Je déteste le film américain, il est nul. 나는 미국 영화를 싫어해. 별로야.

36. J'aime faire des randonnés dans la nature. 나는 자연 속에서 산책하는 것을 좋아해.

37. C'est interdit de fumer dans le métro. 지하철에서 담배 피우는 것은 금지되어 있다.

38. Elle est à droite de la statue. 그녀는 동상 오른쪽에 있다.

39. Aujourd'hui, 54 % des Français sont propriétaires.
요즘, 54%의 프랑스인들은 자신의 집을 가지고 있다.

40. La tour Eiffel est dans le septième arrondissement. 에펠 탑은 7구에 있다.

41. Le Louvre est dans le premier arrondissement. 루브르는 1구에 있다.

42. Le train en provenance de Marseille, arrivée prévue à quinze heures seize est annoncé avec un retard de vingt minutes.
15시 16분에 도착 예정인 Marseille 발 열차는 20분 연착됨을 알려드립니다.

43. La Loire a 1012 km de long. Loire 강의 길이는 1012 km 이다.

44. Le lundi, le mercredi, le vendredi, les cours commencent à 10 heures 20 et se terminent à midi 30, avec un quart d'heure de pause vers 11 heures 20.
월요일, 수요일, 금요일에 수업은 10시 20분에 시작해서 11시 20분 경에 15분 간 휴식을 하고 12시 30분에 끝난다.

45. Les Températures : il fait 3 degrés à Paris, -2 degrés à Strasbourg.
기온: Paris는 3도이고, Strasbourg는 영하 2도이다.

46. Je ne suis pas grande. Je suis de taille moyenne. Je porte des lunettes. J'ai les cheveux courts. Mon T-shirt est jaune.
나는 크지 않다. 보통키이며 안경을 끼고 있다. 머리카락은 짧고 티셔츠는 노란색이다.

47. Je voudrais deux menus à 17 euros 90. 17유로 90 짜리 정식 두 개 부탁합니다.

48. Dans le restaurant universitaire, le prix du repas, c'est à 43 euros le carnet de dix tickets. 대학 식당에서 식사 가격은 식권 10장 묶음으로 43 유로야.

49. Vous allez entendre 2 fois un document. Il y aura 30 secondes de pause entre les 2 écoutes.
여러분은 다음 내용을 두 번 듣게 될 것입니다. 처음과 두 번째 청취 사이에는 30초 간의 쉬는 부분이 있게 될 것입니다.

50. Le vol Air France numéro 7698 en provence de Séoul est annoncé avec 15 minutes de retard.
서울 발 Air France 7698번 비행편은 15분 늦게 도착하게 될 것을 알려드립니다.

부록 2
• 연습문제 & 정답
• 프랑스어 동사 & 시제 흐름표

1. 빈칸에 알맞게 정관사와 부정관사를 쓰세요.

1) _________ lit

2) _________ pont

3) _________ chaise

4) _________ portes

5) _________ fille

6) _________ feu

7) _________ réfrigérateur

8) _________ radio

2. 문법에 맞게 (   )안의 동사를 변화시켜 보세요.

1) Elle (regarder) la télévision.

2) Vous (écouter) la radio?

3) Tu (allumer) la télévision.

4) Nous (marcher) vers l'étagère.

5) Elle (casser) un vase.

6) J'(aimer) la musique.

3. 다음을 프랑스어로 써보세요.

1) 그는 창문 쪽으로 걷고 있습니까? (Est-ce que를 이용해서)

2) 나는 라디오를 듣고 있습니다.

3) 그녀는 테이블에서 부터 창문까지 걸어가고 있다.

1. 다음 문장들을 부정문으로 바꿔 쓰세요.

1) Elle écoute la radio.

2) Elle parle de la jeune fille.

3) Vous écoutez Pierre.

4) Ils parlent de Paris.

5) J'aime le rap.

6) Vous aimez la viande.

2. 다음을 프랑스어로 써보세요.

1) 나는 서울의 사진에 대해서 말하고 있다.

2) 그들은 라디오를 듣고 있지 않다.

3) 우리는 마리와 함께 걷고 있다.

1. 다음 문장들의 빈칸을 보기에서 골라 문법에 맞게 넣어 보세요.

보기   au, aux, à la, à l', à

1) Marie parle _________ jeune homme.

2) Il parle _________ jeune fille.

3) Vous parlez _________ Pierre?

4) Nous parlons _________ étudiants.

5) Elle parle _________ étudiantes.

6) Elle parle _________ étudiant.

7) Elle parle _________ étudiante.

8) Elle marche de la chaise _________ lit.

9) J'habite _________ Paris.

10) Elle parle _________ employée.

2. 다음을 프랑스어로 써보세요.

1) 너는 무엇에 대해서 말하고 있니? – 나는 빠리에 대해서 말하고 있어.

2) 그녀들은 누구에 대해서 말하고 있니? – 그녀들은 마리에 대해서 말하고 있어.

3) 그는 창문에서부터 침대까지 걷고 있다.

1. 다음 빈칸들을 보기에서 골라 문법에 맞게 넣어 보세요.

보기	son, sa, ses

1) _________ voiture

2) _________ frère

3) _________ lit

4) _________ photo

5) _________ fille

6) _________ livres

7) _________ réfrigérateur

8) _________ maisons

2. 다음을 프랑스어로 써보세요.

1) 너는 누구를 보고 있니?

2) 너는 무엇을 보고 있니?

3) 나는 그들의 집쪽으로 걸어가고 있다.

4) 나는 그녀의 자동차를 좋아하지 않아.

5) 당신들은 자주 함께 빠리에 대해서 말합니까?

1. 다음 문장들의 빈칸을 보기에서 골라 문법에 맞게 넣어 보세요.

> **보기** du, de la, des, de l', de

1) la porte _______ maison

2) la voiture _______ étudiant

3) le sac _______ Marie

4) les voitures _______ professeur

5) les maisons _______ professeurs

6) les cartes _______ étudiants

7) la carte _______ Pierre

8) la photo _______ Paris

9) l'avenue _______ Champs-Elysées

10) le loyer _______ studio

2. 다음을 프랑스어로 써보세요.

1) 그녀의 책들은 어디에 있습니까?
   – 그것들은 책상위에 있습니다.

2) 그녀의 가방은 의자 아래에 있습니다.

3) 나는 지도위에서 Lyon이 어디에 있는 찾아보고 있다.

4) 빠리는 프랑스의 첫 번째 도시이다.

5) Lyon은 작은 도시가 아니다.

6) 그녀의 가방은 침대위에 있지 않다.

7) 그의 자동차는 어디에 있습니까?

1. 다음 문장들을 단순미래로 바꿔 다시 써보세요.

1) Elle parle de Paris.

2) Ils portent des valises.

3) Nous préparons deux sacs légers.

4) Vous voyagez en France.

5) Je parle de Lyon.

6) Elles marchent ensemble.

2. 다음 문장들의 빈칸을 보기에서 골라 문법에 맞게 넣어 보세요.

보기	un, une, des, de

1) Il ne portera pas _______ sac.

2) C'est _______ voiture.

3) Ce n'est pas _______ lit.

4) Je porterai _______ bagages.

5) Je ne prépare pas _______ valises.

6) Paris n'est pas _______ petite ville.

3. 다음을 프랑스어로 써보세요.

1) 나는 여행하는 것을 많이 좋아합니다.

2) 그녀는 여행하는 것을 좋아하지 않는다.

3) 나는 짐들을 들고 다니는 것을 좋아하지 않는다.

4) 그녀는 빠리에서의 여행을 준비할 것이다.

5) 지금 우리는 이탈리아에서 여행을 하고 있지 않습니다.

6) 나는 카나다에서 여행을 할 것입니다.

7) 너는 언제 프랑스에서 여행할거니?

8) 나는 두개의 무거운 여행 가방들을 들고 있어.

1. 뜻에 맞게 빈칸을 소유형용사로 채우세요.

1) _________ maison (나의)

2) _________ cahier (그녀의)

3) _________ maisons (그들의)

4) _________ cadeau (너의)

5) _________ manteaux (그녀의)

6) _________ ami (그녀의)

7) _________ maisons (우리들의)

8) _________ voyage (나의)

9) _________ voiture (너의)

10) _________ livres (당신의)

11) _________ livres (당신들의)

12) _________ frère (그의)

2. 다음을 프랑스어로 써보세요.

1) 나는 나의 친구들을 좋아한다.

2) 나는 그의 친구들을 좋아하지 않는다.

3) 그는 그의 집에 있다.

4) 빠리에서 나는 나의 친구들을 만날 것이다.

5) 나는 너의 친구들에게 선물들을 가져다 줄 것이다.

6) 저는 당신의 친구들에게 많은 선물들을 가져다 줄 것입니다.

7) 선물들을 주는 것은 많은 기쁨을 준다.

8) 원한다는 것, 그것은 가능하다는 것이다.

1. 다음 문장들을 부정문으로 바꿔 써보세요.

1) Elle portera des sacs.

2) Il prépare des bagages.

3) Elle donne le sac à Pierre.

4) J'aime aussi tes amies.

5) Vous aimez vos amis.

6) J'apporterai aussi des cadeaux.

7) Vous porterez la valise.

8) C'est une voiture.

9) Nous sommes à Paris.

10) Alice donne du lait à son enfant.

11) Je donne de l'eau à mon enfant.

12) J'aime aussi la viande.

2. 다음을 프랑스어로 써보세요.

1) 나는 많은 우유를 나의 아이에게 준다.

2) 나는 우유를 많이 좋아 한다.

3) 나는 빠리에 있는 작은 아파트에서 살고 있다.

4) 나는 동물들에게 우유를 주고 있다.

5) 그녀는 말들을 좋아하지 않는다.

6) 그는 아이들에게 많은 용기를 준다.

7) 너는 고기를 좋아 하니?

8) 우리는 시골에서 걷는 것을 좋아합니다.

9) 그녀는 그녀의 아이들에게 물을 주고 있다.

1. 다음을 복수로 써보세요.

1) une belle maison

2) la belle ville

3) un beau cheval

4) un bon cadeau

5) la jolie fille

6) une bonne pomme

7) une pomme de terre

8) un jeune homme

9) la jeune fille

10) un arc-en-ciel

2. 다음 문장들을 의문문으로 고치세요. (Est-ce que를 사용하지 않고)

1) Pierre emporte des fruits.

2) Elle mangera des pommes.

3) Les gens des villes aiment la montagne. (la montagne 산)

4) Il est beau.

5) Vous aimez la viande.

3. 다음을 프랑스어로 써보세요.

1) 나는 과일들을 좋아하지 않습니다.

2) 나는 빠리에서 맛있는 과일들을 먹을 것입니다.

3) 당신은 동물들을 좋아합니까?

4) 저는 특히 야채들을 좋아합니다.

5) 사과는 과일이다.

6) 감자는 야채이다.

7) 저는 도시에서 부터 먼 곳에 살고 있습니다.

8) 당신은 빠리 근처에서 살고 있습니까?

1. ( ) 속의 형용사들을 문법에 맞게 변화시키세요.

1) Elle est (laid).

2) Elle est (vieux).

3) Ils sont (beau).

4) Elles sont (beau).

5) Les arbres sont (beau).

6) Les fruits sont (vert).

7) Ces fruits sont (mauvais).

8) Elles sont (brun).

9) Ils sont (vieux).

2. 다음 문장들의 빈칸을 보기에서 골라 문법에 맞게 넣어 보세요.

<table>
<tr><td>보기</td><td>ce, cette, ces</td></tr>
</table>

1) _______ fruit

2) _______ bureau

3) _______ fleur

4) _______ pomme

5) _______ ville

6) _______ route

7) _______ chevaux

8) _______ cadeau

3. 다음을 프랑스어로 써보세요.

1) 그녀는 나이가 들지 않았다.

2) 그 꽃들은 아름답지가 않다.

3) 그 나무들은 아름답지가 않다.

4) 그녀는 못생기지 않았다.

5) 저는 익은 과일들을 좋아합니다.

6) 이 과일들은 맛이 없다.

7) 맛있는 과일들은 아름답습니까?

8) 그녀는 그녀의 사무실에 있다.

9) 과일들은 냉장고 안에 있습니다.

1. ( )를 주어에 맞게 직설법 현재로 동사 변화시키세요.

1) Elle (finir) son travail à 18 heures.

2) Je (choisir) l'ordinateur.

3) On (sortir) ensemble?

4) Qu'est-ce que vous (faire) dans la vie?

5) Nous (faire) le ménage.

6) J'(écrire) une lettre à mon ami.

7) Vous (écrire) souvent à votre fille?

8) Vous (lire) beaucoup?

9) Je (travailler) à l'usine.

10) Je (dire) la vérité.

11) Ils (aller) ensemble au café.

12) Comment (aller)-vous?

2. 빈칸을 문법에 맞게 강세형 인칭대명사로 채우세요.

1) ________, ils n'aiment pas le quartier.

2) ________, tu es jolie.

3) Toi et ________, nous aimons le sport.

4) _________ et eux, vous n'aimez pas manger.

5) _________ et elle, ils ne sont pas à la maison.

3. 다음을 프랑스어로 써보세요.

1) 지금 저는 집안 일을 하고 있습니다.

2) 그녀는 그녀의 오빠에게 말하고 있다.

3) 나는 일을 끝난 후에 내 친구들을 만날 것이다.

4) 나는 17시 30분에 퇴근해.

5) 시내에서 좋은 프랑스 영화를 상연하고 있어.

6) 나는 모든 그녀의 여자 친구들을 좋아하지 않아.

7) 그는 모든 사람들을 좋다고 생각한다.

8) 나는 장보기 위해 수피에 가고 있어.

9) 나는 내 동네에 있는 공장에서 일해.

10) 나는 빠리에서의 내 여행을 생각하고 있어.

11) 나는 외국 사람들과 함께 내 나라에 대해서 말하는 것을 좋아해.

12) 너는 그의 친구들을 어디에서 만날거니?

13) 당신은 빠리 사람들을 많이 좋아하십니까?

14) 나는 마리가 예쁘다고 생각해.

1. ( )를 주어에 맞게 직설법 현재로 동사 변화시키세요.

1) Je (voir) un film au cinéma.

2) Vous (faire) du cinéma?

3) Vous (sortir) beaucoup?

4) J'(acheter) un ordinateur.

5) Vous (acheter) des pommes?

6) Vous (voir) le Louvre?

7) Tu (voir) le Pont-Neuf?

2. 다음 문장들을 지시한대로 고쳐 다시 써보세요.

1) Il y a des monuments dans mon quartier. – 부정문으로

2) Il y a des fleurs dans le vase. (le vase 꽃병) – 단순 도치 의문문으로

3) Il n'y a pas d'étudiants dans ce club. – 긍정문으로

4) Y a-t-il des supermarchés dans votre quartier? – 긍정문으로

5) Il y a des ordinateurs dans la classe. – 부정문으로

1) 곧 나는 프랑스에서 살 것입니다.

2) 서울에서는 사람들이 한국어로 말한다.

3) 나는 빠리의 거리들에서 많은 것들을 보게 될 것입니다.

4) 나는 빠리에서 한국 친구들과 함께 쇼핑을 할 것입니다.

5) 이 도시에는 기념물들이 없습니다.

6) 나는 빠리에서 많은 것들을 살 것입니다.

7) 에펠탑은 프랑스 빠리에 있습니다.

1. 다음 문장들을 복합과거로 바꿔 써보세요.

   1) Je travaille beaucoup.

   2) Vous finissez votre travail?

   3) Elle réussit à l'examen.

   4) Tout cela est très rapide.

   5) J'ai un studio à Paris.

   6) Nous apprenons le français à Paris.

   7) Elle lit le journal.

   8) Vous faites le ménage.

   9) Tu vois la Tour Eiffel.

   10) Qu'est-ce que vous dites?

   11) Elle ouvre la porte.

   12) Qui écrit cette lettre?

   13) Je veux aller en France.

   14) Vous pouvez entrer.

   15) Je mets le couvert.

   16) Elle répond bien aux questions.

2. 다음을 프랑스어로 써보세요.

1) 어제 너는 많이 공부했다.

2) 오늘 아침에 나는 13과를 공부했다.

3) 나는 이미 학교에서 많은 책들을 읽었다.

4) 당신은 이 과를 잘 이해했습니까?

5) 나는 그 창문을 열었다.

6) 나는 물을 마셨다.

7) 오늘 아침 빠리에 비가 왔다.

1. (   ) 속의 동사들을 주어에 맞게 직설법 현재, 단순미래, 복합과거로 변화시키세요.

   1) Personne ne (travailler) ici.

   2) On ne (voir) personne dans la rue.

   3) Vous (réussir) à l'examen.

   4) Vous (entendre) Marie.

   5) A quelle heure vous (prendre) le petit déjeuner?

   6) Elle (avoir) des professeurs à l'Ecole.

   7) On (apprendre) le français à Lyon.

   8) Je (savoir) bien la leçon.

   9) Vous (vouloir) une glace?

   10) Qu'est-ce que vous (faire) à Paris?

2. 다음을 프랑스어로 써보세요.

1) 화요일마다 나는 프랑스어를 두 시간 공부한다.

2) 매일 나는 학교에서 부터 16시에 나온다.

3) 하루종일 나는 학교에서 프랑스어를 배웠다.

4) 어느 누구도 선생님의 질문에 답하지 않고 있다.

5) 오늘은 목요일입니다.

6) 그저께 나는 마리를 보지 못했다.

7) 내일 나도 역시 일하지 않을 것이다.

8) 당신은 하루에 프랑스어를 몇 시간 공부합니까?

9) 당신은 보통 무슨 요일에 장을 보십니까? (en général)

1. (   ) 속의 동사들을 주어에 맞게 직설법 현재, 단순미래, 복합과거, 근접미래, 근접과거로 변화시
키세요.

1) Elle (aller) à Bordeaux.

2) Ils (venir) à Paris.

3) Elle (sortir) à 9 heures.

4) Tu (partir) en France.

5) Ils (monter) dans un taxi.

6) Elles (descendre) dans la cave.

7) La neige (tomber).

8) Elle (mourir) à Marseille.

9) Elle (rester) à la maison.

10) Ils (entrer) dans la classe.

2. 다음을 프랑스어로 써보세요.

1) 오늘 아침에 우리는 우리의 방들을 정리했다.

2) 저는 8시에 집에서 부터 나왔습니다.

3) 그녀는 바게뜨 빵을 사러 빵집에 갔다. (빵집에 – à la boulangerie)

4) 우리는 오렌지 주스를 선택했다. (오렌지 주스 – un jus d'orange)

5) 내 침대는 창문에서 부터 멀리에 있다.

6) 내 책상은 방의 오른쪽에 있다.

7) 침대는 가구이지만, 벽난로는 가구가 아니다.

8) 당신은 언제 그 침대를 샀습니까?

9) 내 방은 그의 방 바로 옆에 있다.

10) 침대 바로 밑에 지갑이 있다. (지갑 – un portefeuille)

1. 다음 밑줄친 곳을 직접 목적 보어 대명사로 받아서 문장을 다시 써보세요.

1) Elle regarde la voiture.

2) Elle ne regarde pas la voiture.

3) Regardez-vous la voiture?

4) Je choisis les pulls. (le pull : 스웨터)

5) Il a fait sa chambre.

6) Elle a installé sa nouvelle armoire.

7) J'ai rangé mes livres sur l'étagère.

8) Quand avez-vous acheté les meubles dans votre chambre?

9) Avez-vous les livres dans votre bibliothèque?

10) Avez-vous acheté les livres sur la chaise?

2. 다음을 프랑스어로 써보세요.

1) 몇시입니까? – 14시 15분입니다.

2) 9시 30분입니다. 9시 5분 전입니다.

3) 그녀는 자신의 방에서 누은채로 있다.

4) 그들은 길에 서있다.

5) 나는 그녀를 좋아하지 않는다.

6) 나는 결코 그의 집에 가지 않는다.

7) 저녁에 나는 전혀 먹지 않는다.

8) 금요일에 나는 21시 까지 공부한다.

9) 나는 더 이상 먹지 않을 것이다.

10) 당신은 무엇을 하고 있습니까? – 나는 집안을 정리하고 있습니다.

11) 내 시계로는 1시 13분입니다.

12) 일요일 아침에 나는 늦잠을 잡니다.

13) 나는 도서관에서 몇 권의 책들을 읽었다.

1. ( ) 속의 대명동사들을 주어에 맞게 변화시켜 보세요.

1) Je (se laver) les mains.

2) Vous (se laver) le visage.

3) Elle (se regarder) dans la glace.

4) Ils (se réveiller) à 7 heures.

5) On (se lever) ensemble.

6) Elle (s'essuyer).

7) Vous (s'essuyer).

8) Nous (se lever) de table.

2. 다음 밑줄친 곳을 문법에 맞게 대명사로 받아서 문장을 다시 써보세요.

1) Je parle à ma mère.

2) Elle parle à son professeur.

3) Parlez-vous à votre fille?

4) Il parle aux jeunes filles.

5) Elle ne parle pas aux jeunes hommes.

6) Je parle avec mes amis.

7) Elle parle de Marie.

8) Je parle de mon ami Jacques.

3. 다음 문장들을 명령문으로 바꿔 쓰세요.

1) Vous me donnez le livre.

2) Tu me montres ton studio.

3) Tu vas au cinéma.

4) Tu dis la vérité.

5) Vous dites la vérité.

6) Vous faites du sport.

7) Tu parles de Paris.

8) Tu ne me montres pas ta photo.

9) Vous me donnez votre passeport.

10) Vous ne me donnez pas votre passeport.

4. 다음을 프랑스어로 써보세요.

1) 그녀는 빠리에 오지 않는다.

2) 당신은 물소리가 들립니까? – 아니오. 나는 전혀 아무것도 들리지 않습니다.

3) 때때로 나는 거울 속에서 내 자신을 바라본다.

4) 보통 나는 금요일에 대학교에 가지 않는다.

5) 보통 나는 아침 식사 30분 전에 깬다.

6) 보통 나는 아침 식사 15분 후에 집에서부터 나온다.

7) 나는 아침마다 찬 물로 얼굴을 씻는다.

8) 나는 고기를 더 좋아한다.

9) 그녀가 나에게 큰 목소리로 말한다.

10) 네 사진을 나에게 보여줘.

1. 다음 밑줄친 곳을 보기에서 골라 문법에 맞게 넣으세요.

보기	ce, cet, cette, ces

1) _______ après-midi

2) _______ semaine

3) _______ amis

4) _______ ami

5) _______ immeuble

6) _______ stylo

7) _______ week-end

8) _______ soir

2. 다음을 프랑스어로 써보세요.

1) 나는 하얀색 자동차를 좋아한다.

2) 이 방은 불이 켜져 있지 않다.

3) 너무 늦었어. 나는 집에 들어가야 해.

4) 오늘은 수요일이다.

5) 나는 일주일에 3일만 일해.

6) 나는 일을 끝낸 후에 집에서 쉬고 있어.

7) Dauville은 여름 휴양지야. (휴양지 – une station)

8) 나는 1달 전 부터 더 이상 Bordeaux에 살지 않아.

9) 나는 집에서 쉬고 싶지 않아. 시골에 가자.

10) 나는 즉시 빠리로 떠나길 원해.

11) Nice 에서는 덜 추워.

12) 나는 Lyon을 7시에 떠날거야.

13) 네가 항상 논쟁에서 이기는구나.

14) 그녀가 곧 나에게 전화할거야. (근접미래 구문으로)

1. 다음 밑줄친 곳을 적당한 대명사로 받아 문장을 다시 쓰세요.

1) Nous allons au cinéma.

2) Je vais au restaurant.

3) Elle habite à la campagne.

4) Je pense à Paris.

5) Je ne vais pas à Paris.

6) Pensez-vous à votre pays?

7) Je n'ai pas réussi à le convaincre.

8) Aujourd'hui, nous n'allons pas à l'école.

2. 다음을 프랑스어로 써보세요.

1) 지금은 여름이다.

2) 7월이다.

3) 나는 내 부모님들을 생각하고 있다.

4) 나는 빠리에서 하루를 보내게 되어서 매우 행복하다.

5) 1달 전에 나는 Monpellier를 떠났다.

6) 1달 후에 나는 Nantes를 떠날 것이다.

7) 나는 일주일 전부터 Tours에서 살고있다.

8) 지금은 1월이다. 우리나라에서는 겨울이다.

9) 그녀는 초조해한다.

10) 늘 그렇듯이 그녀가 늦게 도착할 것이다.

11) 나는 Angers 행 버스를 놓쳤다.

12) 걱정하지 마세요!

13) 너무 늦었기 때문에 나는 집에 들어가야 한다.

14) 나는 10시 기차로 빠리에 도착할 것이다. (근접미래 구문으로)

15) 나는 그들과 함께 빠리에 방금 도착했다. (근접과거 구문으로)

1. 다음 단순미래 구문을 근접미래로 바꿔 써보세요.

1) J'enverrai des cartes à mes amis.

2) Vous irez en France.

3) Elle aura un enfant.

4) Nous serons à Besançon.

5) Il viendra tout seul.

6) Je me reposerai chez moi.

7) Je me lèverai à 7 heures.

8) Je ferai de la natation.

9) Elle descendra au rez-de-chaussée.

10) On verra tant de choses à Paris.

2. 다음 복합과거 구문을 근접과거로 바꿔 써보세요.

1) Elle est arrivée à Lille.

2) Nous avons fait du tennis.

3) Vous avez vu Marie dans la rue.

4) J'ai ouvert la porte.

5) Il a lu le journal.

6) Elle a écrit à mes parents.

3. 다음을 프랑스어로 써보세요.

1) 나는 프랑스어를 어렵다고 생각하지 않는다. (trouver 구문)

2) 그녀는 일주일 후에 서울에 도착할 것이다. (근접미래 구문으로)

3) 즉시 떠나야 한다. (Il faut 구문으로)

4) 프랑스어를 배우기 위해서는 인내심이 필요하다. (Il faut 구문으로)

5) 제 시간에 도착해야 한다. (Il faut 구문으로)

6) 그 책을 사기 위해서는 28유로가 필요하다. (Il faut 구문으로)

7) 매일 나는 7시에 일어나야 한다. (devoir 동사)

8) 오늘 저녁에 나는 할일이 많다.

9) 어제 나는 상점들에서 엄청나게 많은 것들을 샀다.

10) 나는 Marseille 행 열차를 탄다.

11) 나는 3년 후에 한국으로 귀국할 것이다.

12) 이 버스가 너를 에펠탑으로 데려다 줄 것이다. (emmener)

13) 나는 그녀에게 나를 도와달라고 부탁했다.

14) 나는 그녀가 설거지하는 것을 도왔다. (laver la vaisselle)

15) 나는 10시에 내 집에서부터 나왔다.

16) 그들이 버스를 타고 있다. (monter dans~)

17) 나는 외출하기 전에 덧문들을 닫았다.

18) 그녀는 매우 피곤하지만 행복하다. (mais)

제1과

1. 1) le/un lit   2) le/un pont
3) la/une chaise   4) les/des portes
5) la/une fille   6) le/un feu
7) le/un réfrigérateur
8) la/une radio

2. 1) Elle (regarde) la télévision.
2) Vous (écoutez) la radio?
3) Tu (allumes) la télévision.
4) Nous (marchons) vers l'étagère.
5) Elle (casse) un vase.
6) J'(aime) la musique.

3. 1) Est-ce qu'il marche vers la fenêtre?
2) J'écoute la radio.
3) Elle marche de la table à la fenêtre.

제2과

1. 1) Elle n'écoute pas la radio.
2) Elle ne parle pas de la jeune fille.
3) Vous n'écoutez pas Pierre.
4) Ils ne parlent pas de Paris.
5) Je n'aime pas le rap.
6) Vous n'aimez pas la viande.

2. 1) Je parle de la photographie de Séoul.
2) Ils n'écoutent pas la radio.
3) Nous marchons avec Marie.

제3과

1. 1) Marie parle au jeune homme.

2) Il parle à la jeune fille.
3) Vous parlez à Pierre?
4) Nous parlons aux étudiants.
5) Elle parle aux étudiantes.
6) Elle parle à l'étudiant.
7) Elle parle à l'étudiante.
8) Elle marche de la chaise au lit.
9) J'habite à Paris.
10) Elle parle à l'employée.

2. 1) De quoi parles-tu? - Je parle de Paris.
2) De qui parlent-elles? - Elles parlent de Marie.
3) Il marche de la fenêtre au lit.

제4과

1. 1) sa voiture   2) son frère
3) son lit   4) sa photo
5) sa fille   6) ses livres
7) son réfrigérateur
8) ses maisons

2. 1) Qui regardes-tu?
2) Que regardes-tu?
3) Je marche vers leur maison.
4) Je n'aime pas sa voiture.
5) Parlez-vous souvent ensemble de Paris?

제5과

1. 1) la porte de la maison
2) la voiture de l'étudiant
3) le sac de Marie
4) les voitures du professeur
5) les maisons des professeurs

6) les cartes des étudiants
7) la carte de Pierre
8) la photo de Paris
9) l'avenue des Champs-Elysées
10) le loyer du studio

2. 1) Où sont ses livres? - Ils sont sur la table.
2) Son sac est sous la chaise.
3) Je cherche où est Lyon sur la carte.
4) Paris est la première ville de France.
5) Lyon n'est pas une petite ville.
6) Son sac n'est pas sur le lit.
7) Où est sa voiture?

제6과

1. 1) Elle parlera de Paris.
2) Ils porteront des valises.
3) Nous préparerons deux sacs légers.
4) Vous voyagerez en France.
5) Je parlerai de Lyon.
6) Elles marcheront ensemble.

2. 1) Elle ne portera pas de sac.
2) C'est une voiture.
3) Ce n'est pas un lit.
4) Je porterai des bagages.
5) Je ne prépare pas de valises.
6) Paris n'est pas une petite ville.

3. 1) J'aime beaucoup voyager.
2) Elle n'aime pas voyager.
3) Je n'aime pas porter de bagages.
4) Elle préparera son voyage à Paris.
5) Maintenant, nous ne voyageons pas en Italie.
6) Je voyagerai au Canada.
7) Quand voyageras-tu en France?

8) Je porte deux lourdes valises.

제7과

1. 1) ma maison (나의)
2) son cahier (그녀의)
3) leurs maisons (그들의)
4) ton cadeau (너의)
5) ses manteaux (그녀의)
6) son ami (그녀의)
7) nos maisons (우리들의)
8) mon voyage (나의)
9) ta voiture (너의)
10) vos livres (당신의)
11) vos livres (당신들의)
12) son frère (그의)

2. 1) J'aime mes amis.
2) Je n'aime pas ses amis.
3) Il est dans sa maison.
4) A Paris, je rencontrerai mes amis.
5) J'apporterai des cadeaux à tes amis.
6) J'apporterai beaucoup de cadeaux à vos amis.
7) Offrir des cadeaux procure beaucoup de joie.
8) Vouloir, c'est pouvoir.

제8과

1. 1) Elle ne portera pas de sacs.
2) Il ne prépare pas de bagages.
3) Elle ne donne pas le sac à Pierre.
4) Je n'aime pas non plus tes amies.
5) Vous n'aimez pas vos amis.
6) Je n'apporterai pas non plus de cadeaux.

7) Vous ne porterez pas la valise.

8) Ce n'est pas une voiture.

9) Nous ne sommes pas à Paris.

10) Alice ne donne pas de lait à son enfant.

11) Je ne donne pas d'eau à mon enfant.

12) Je n'aime pas non plus la viande.

2. 1) Je donne beaucoup de lait à mon enfant.

2) J'aime beaucoup le lait.

3) J'habite (dans) un petit appartement à Paris.

4) Je donne du lait aux animaux.

5) Elle n'aime pas les chevaux.

6) Il donne beaucoup de courage aux enfants.

7) Aimes-tu la viande?

8) Nous aimons marcher à la campagne.

9) Elle donne de l'eau à ses enfants.

제**9**과

1. 1) de belles maisons

2) les belles villes

3) de beaux chevaux

4) de bons cadeaux

5) les jolies filles

6) de bonnes pommes

7) des pommes de terre

8) des jeunes hommes

9) les jeunes filles

10) des arcs-en-ciel

2. 1) Pierre emporte-t-il des fruits?

2) Mangera-t-elle des pommes?

3) Les gens des villes aiment-ils la montagne?

4) Est-il beau?

5) Aimez-vous la viande?

3. 1) Je n'aime pas les fruits.

2) Je mangerai de bons fruits à Paris.

3) Aimez-vous les animaux?

4) J'aime surtout les légumes.

5) La pomme est un fruit.

6) La pomme de terre est un légume.

7) J'habite loin de la ville.

8) Habitez-vous près de Paris?

제**10**과

1. 1) Elle est (laide).

2) Elle est (vieille).

3) Ils sont (beaux).

4) Elles sont (belles).

5) Les arbres sont (beaux).

6) Les fruits sont (verts).

7) Ces fruits sont (mauvais).

8) Elles sont (brunes).

9) Ils sont (vieux).

2. 1) ce fruit   2) ce bureau

3) cette fleur   4) cette pomme

5) cette ville   6) cette route

7) ces chevaux   8) ce cadeau

3. 1) Elle n'est pas vieille.

2) Ces fleurs ne sont pas belles.

3) Ces arbres ne sont pas beaux.

4) Elle n'est pas laide. (= moche)

5) J'aime les fruits mûrs.

6) Ces fruits ne sont pas bons.

7) Les bons fruits sont-ils beaux?

8) Elle est dans son bureau.

9) Les fruits sont dans le réfrigérateur.

<h3 style="text-align:center">제11과</h3>

1. 1) Elle (finit) son travail à 18 heures.
2) Je (choisis) l'ordinateur.
3) On (sort) ensemble?
4) Qu'est-ce que vous (faites) dans la vie?
5) Nous (faisons) le ménage.
6) J'(écris) une lettre à mon ami.
7) Vous (écrivez) souvent à votre fille?
8) Vous (lisez) beaucoup?
9) Je (travaille) à l'usine.
10) Je (dis) la véité.
11) Ils (vont) ensemble au café.
12) Comment (allez)-vous?

2. 1) Eux, ils n'aiment pas le quartier.
2) Toi, tu es jolie.
3) Toi et moi, nous aimons le sport.
4) Toi et eux, vous n'aimez pas manger.
5) Lui et elle, ils ne sont pas à la maison.

3. 1) Maintenant, je fais le ménage.
2) Elle parle à son frère.
3) Après avoir fini mon travail, je rencontrerai mes amis.
4) Je sors du bureau à 17 heures 30.
5) On passe un bon film en ville.
6) Je n'aime pas toutes ses amies.
7) Il trouve tous les gens sympas. (= bons)
8) Je vais au supermarché (pour) faire les courses.
9) Je travaille à l'usine dans mon quartier.
10) Je pense à mon voyage à Paris.
11) J'aime parler de mon pays avec les étrangers.
12) Où rencontreras-tu ses amis?
13) Aimez-vous beaucoup les Parisiens?
14) Je trouve Marie jolie. (= belle)

<h3 style="text-align:center">제12과</h3>

1. 1) Je (vois) un film au cinéma.
2) Vous (faites) du cinéma?
3) Vous (sortez) beaucoup?
4) J'(achète) un ordinateur.
5) Vous (achetez) des pommes?
6) Vous (voyez) le Louvre?
7) Tu (vois) le Pont-Neuf?

2. 1) Il n'y a pas de monuments dans mon quartier.
2) Il n'y a pas de fleurs dans le vase.
3) Il y a pas des étudiants dans ce club.
4) Il y a des supermarchés dans votre quartier.
5) Il n'y a pas d'ordinateurs dans la classe.

3. 1) Bientôt, j'habiterai en France.
2) On parle coréen à Séoul.
3) Je verrai beaucoup de choses dans les rues de Paris.
4) Je ferai les magasins à Paris avec des amis coréens.
5) Il n'y a pas de monuments dans cette ville.
6) J'achèterai beaucoup de choses à Paris.
7) La Tour Eiffel est à Paris, en France.

<h3 style="text-align:center">제13과</h3>

1. 1) J'ai beaucoup travaillé.
2) Vous avez fini votre travail?
3) Elle a réussi à l'examen.
4) Tout cela a été très rapide.
5) J'ai eu un studio à Paris.
6) Nous avons appris le français à Paris.

7) Elle a lu le journal.

8) Vous avez fait le ménage.

9) Tu as vu la Tour Eiffel.

10) Qu'est-ce que vous avez dit?

11) Elle a ouvert la porte.

12) Qui a écrit cette lettre?

13) J'ai voulu aller en France.

14) Vous avez pu entrer.

15) J'ai mis le couvert.

16) Elle a bien répondu aux questions.

2. 1) Hier, tu as beaucoup travaillé.
   (= étudié)

2) Ce matin j'ai étudié la treizième leçon.

3) J'ai déjà lu beaucoup de livres à l'école.

4) Avez-vous bien compris cette leçon?

5) J'ai ouvert la fenêtre.

6) J'ai bu de l'eau.

7) Ce matin, il a plu à Paris.

제**14**과

1. 1) Personne ne (travaille, travaillera,) ici.
   Personne (n'a travaillé) ici.

2) On ne (voit, verra) personne dans la rue. On (n'a vu personne) dans la rue.

3) Vous (réussissez, réussirez, avez réussi) à l'examen.

4) Vous (entendez, entendrez, avez entendu) Marie.

5) A quelle heure vous (prenez, prendrez, avez pris) le petit déjeuner?

6) Elle (a, a eu, aura) des professeurs à l'Ecole.

7) On (apprend, apprendra, a appris) le français à Lyon.

8) Je (sais, saurai) bien la leçon. J'(ai bien su) la leçon.

9) Vous (voulez, voudrez, avez voulez) une glace?

10) Qu'est-ce que vous (faites, ferez, avez fait) à Paris?

2. 1) Le mardi (=Tous les mardis =Chaque mardi), j'étudie le français deux heures.

2) Tous les jours (= Chaque jour), je sors de l'école à 18 heures.

3) Toute la journée, j'ai appris le français à l'école.

4) Personne ne répond à la question du professeur.

5) Aujourd'hui, c'est jeudi.

6) Avant-hier, je n'ai pas vu Marie.

7) Demain, je ne travaillerai pas non plus.

8) Combien d'heures étudiez-vous le français par jour?

9) En général, quel jour faites-vous les courses?

제**15**과

1. 1) Elle (va, ira, est allée, va aller, vient d'aller) à Bordeaux.

2) Ils (viennent, viendront, sont venus, vont venir, viennent de venir) à Paris.

3) Elle (sort, sortira, est sortie, va sortir, vient de sortir) à 9 heures.

4) Tu (pars, partiras, es parti, vas partir, viens de partir) en France.

5) Ils (montent, monteront, sont montés, vont monter, viennent de monter) dans un taxi.

6) Elles (descendent, descendront, sont descendues, vont descendre, viennent de descendre) dans la cave.

7) La neige (tombe, tombera, est tombée,

va tomber, vient de tomber).
8) Elle (meurt, mourra, est morte, va mourir, vient de mourir) à Marseille.
9) Elle (reste, restera, est restée, va rester, vient de rester) à la maison.
10) Ils (entrent, entreront, sont entrés, vont entrer, viennent d'entrer) dans la classe.

2. 1) Ce matin nous avons fait nos chambres.
2) Je suis sorti(e) de chez moi à 8 heures.
3) Elle est allée acheter une baguette à la boulangerie.
4) J'ai choisi un jus d'orange.
5) Mon lit est loin de la fenêtre.
6) Ma table est à droite de la chambre.
7) Le lit est un meuble, mais la cheminée n'est pas un meuble.
8) Quand avez-vous acheté le lit?
9) Ma chambre est à côté de sa chambre.
10) Un portefeuille est au-dessous du lit.

제16과

1. 1) Elle la regarde.
2) Elle ne la regarde pas.
3) La regardez-vous?
4) Je les choisis.
5) Il l'a faite.
6) Elle l'a installée.
7) Je les ai rangés sur l'étagère.
8) Quand les avez-vous achetés?
9) Les avez-vous dans votre bibliothèque?
10) Les avez-vous achetés?

2. 1) Vous avez l'heure? - Il est quatorze heures quinze. (= et quart)
2) Il est neuf heures et demie (= trente).

Il est neuf heures moins cinq.
3) Elle reste couchée dans sa chambre.
4) Ils sont debout dans la rue.
5) Je ne l'aime pas.
6) Je ne vais jamais chez lui.
7) Le soir je ne mange rien.
8) Le vendredi je travaille jusqu'à vingt et une heures.
9) Je ne mangerai plus.
10) Qu'est-ce que vous faites? - Je fais le ménage.
11) A ma montre, il est une heure treize.
12) Le dimanche matin je fais la grasse matinée.
13) J'ai lu plusieurs livres à la bibliothèque.

제17과

1. 1) Je (me lave) les mains.
2) Vous (vous lavez) le visage.
3) Elle (se regarde) dans la glace.
4) Ils (se réveillent) à 7 heures.
5) On (se lève) ensemble.
6) Elle (s'essuie).
7) Vous (vous essuyez).
8) Nous (nous levons) de table.

2. 1) Je lui parle.
2) Elle lui parle.
3) Lui parlez-vous?
4) Il leur parle.
5) Elle ne leur parle pas.
6) Je parle avec eux.
7) Elle parle d'elle.
8) Je parle de lui.

3. 1) Donnez-moi le livre.
2) Montre-moi ton studio.

3) Va au cinéma.
4) Dis la vérité.
5) Dites la vérité.
6) Faites du sport.
7) Parle de Paris.
8) Ne me montre pas ta photo.
9) Donnez-moi votre passeport.
10) Ne me donnez pas votre passeport.

4. 1) Elle ne vient pas à Paris.
2) Entendez-vous le bruit de l'eau? - Non, je n'entends rien.
3) Quelquefois je me regarde dans la glace.
4) En géneral, je ne vais pas à l'université le vendredi.
5) En général, je me réveille trente minutes avant le petit déjeuner.
6) En géneral, je sors de chez moi quinze minutes après le petit déjeuner.
7) Tous les matins, je me lave le visage à l'eau froide.
8) Je préfère la viande.
9) Elle me dit à haute voix.
10) Montre-moi ta photo.

제18과

1. 1) cet après-midi 2) cette semaine
3) ces amis   4) cet ami
5) cet immeuble   6) ce stylo
7) ce week-end   8) ce soir

2. 1) J'aime la voiture blanche.
2) Cette chambre n'est pas allumée.
3) Il est trop tard. Je dois rentrer.
4) Aujourd'hui, c'est mercredi.
5) Je travaille seulement 3 jours par semaine.

6) Après avoir fini mon travail, je me repose à la maison.
7) Dauville est une station estivale.
8) Je n'habite plus à Bordeaux depuis un mois.
9) Je ne veux pas me reposer à la maison. Allons à la campagne.
10) Je veux partir tout de suite à Paris.
11) Il fait moins froid à Nice.
12) Je quitterai Lyon à 7 heures.
13) Tu as toujours le dernier mot.
14) Elle va me téléphoner.

제19과

1. 1) Nous y allons.   2) J'y vais.
3) Elle y habite.   4) J'y pense.
5) Je n'y vais pas.   6) Y pensez-vous?
7) Je n'y ai pas réussi.
8) Aujourd'hui, nous n'y allons pas.

2. 1) Nous sommes en été.
2) Nous sommes au mois de(=en) juillet.
3) Je pense à mes parents.
4) Je suis très heureux(se) de passer un jour(=une journée) à Paris.
5) J'ai quitté Montpellier il y a un mois.
6) Je quitterai Nantes dans un mois.
7) J'habite à Tours depuis une semaine.
8) Nous sommes au mois de(=en) janvier. C'est l'été dans notre pays.
9) Elle est inquiète.
10) Comme toujours, elle arrivera en retard.
11) J'ai manqué le bus pour Angers.
12) Ne vous inquiétez pas!
13) Je dois rentrer (à la maison) parce

qu'il est trop tard.
14) Je vais arriver à Paris par le train de 10 heures.
15) Je viens d'arriver à Paris avec eux.

제**20**과

1. 1) Je vais envoyer des cartes à mes amis.
2) Vous allez aller en France.
3) Elle va avoir un enfant.
4) Nous allons être à Besançon.
5) Il va venir tout seul.
6) Je vais me reposer chez moi.
7) Je vais me lever à 7 heures.
8) Je vais faire de la natation.
9) Elle va descendre au rez-de-chaussée.
10) On va voir tant de choses à Paris.

2. 1) Elle vient d'arriver à Lille.
2) Nous venons de faire du tennis.
3) Vous venez de voir Marie dans la rue.
4) Je vient d'ouvrir la porte.
5) Il vient de lire le journal.
6) Elle vient d'écrire à mes parents.

3. 1) Je ne trouve pas le français difficile.
2) Elle va arriver à Séoul dans une semaine.
3) Il faut partir tout de suite.
4) Il faut de la patience pour apprendre le français.
5) Il faut arriver à l'heure.
6) Il faut 28 euros pour acheter ce livre.
7) Je dois me lever à 7 heures.
8) Ce soir j'ai beaucoup de choses à faire.
9) Hier j'ai acheté enormément de choses aux magasins.
10) Je prends le train pour Marseille.

11) Je rentrerai en Corée dans 3 ans.
12) Ce bus t'emmènera à la Tour Eiffel.
13) Je lui ai demandé de m'aider.
14) Je l'ai aidée à laver la vaisselle.
15) Je suis sorti(e) de chez moi à 10 heures.
16) Ils montent dans le taxi.
17) J'ai fermé les volets avant de sortir.
18) Elle est très fatiguée, mais heureuse.

acheter 사다		aller 가다	appeler 부르다		s'asseoir 앉다	avoir 가지다	boire 마시다
achète	peser 무게를 달다	vais	appelle		m'assieds	ai	bois
achètes		vas	appelles		t'assieds	as	bois
achète	achever 완성하다	va	appelle		s'assied	a	boit
achetons	mener 이끌다	allons	appelons	jeter 던지다	nous asseyons	avons	buvons
achetez		allez	appelez		vous asseyez	avez	buvez
achètent	lever 일으키다	vont	appellent	épeler 철자를 말하다	s'asseyent	ont	boivent
[acheté]	crever 터지다	<allé>	[appelé]		[assis]	[eu]	[bu]
achèterai	semer 씨뿌리다	irai	appellerai		m'assiérai	aurai	boirai

conduire 데리고 가다		connaître 알다		courir 달리다		croire 생각하다	cueillir 따다	
conduis	cuire 굽다	connais		cours		crois	cueille	
conduis		connais		cours		crois	cueilles	
conduit	construire 세우다	connaît		court		croit	cueille	
conduisons	détruire 파괴하다	connaissons	paraître ～처럼 보이다	courons		croyons	cueillons	
conduisez		connaissez	disparaître 사라지다	courez	parcourir 주파하다	croyez	cueillez	
conduisent	instuire 가르치다	connaissent	apparaître 나타나다	courent	accourir 급히오다	croient	cueillent	accueillir 맞이하다
	introduire 도입하다				secourir 구조하다			recueillir 모으다
[conduit]	produire 생산하다	[connu]	reconnaître 알아보다	[couru]		[cru]	[cueilli]	
	réduire 줄이다							
conduirai	traduire 번역하다	connaîtrai		courrai		croirai	cueillerai	

devoir ~해야한다	dire 말하다	écrire 쓰다	envoyer 보내다	être 이다	faire 만들다	lire 읽다
dois	dis	écris	envoie	suis	fais	lis
dois	dis	écris	envoies	es	fais	lis
doit	dit	écrit	envoie	est	fait	lit
devons	disons	écrivons	envoyons	sommes	faisons	lisons
devez	dites	écrivez	envoyez	êtes	faites	lisez
doivent	disent	écrivent	envoient	sont	font	lisent
[dû]	[dit]	[écrit]	[envoyé]	[été]	[fait]	[lu]
devrai	dirai	écrirai	enverrai	serai	ferai	lirai

mettre 놓다		mourir 죽다	naître 태어나다	ouvrir 열다		peindre 그리다	
mets		meurs	nais	ouvre		peins	teindre 염색하다
mets	permettre 허락하다	meurs	nais	ouvres	couvrir 덮다	peins	atteindre 도달하다
met	promettre 약속하다	meurt	naît	ouvre	découvrir 발견하다	peint	éteindre 끄다
mettons	soumettre 복종시키다	mourons	naissons	ouvrons	souffrir 고통을겪다	peignons	craindre 두려워하다
mettez	admettre 받아들이다	mourez	naissez	ouvrez	offrir 제공하다	peignez	plaindre 동정하다
mettent	commettre 저지르다	meurent	naissent	ouvrent		peignent	joindre 합치다
[mis]		<mort>	<né>	[ouvert]		[peint]	
mettrai		mourrai	naîtrai	ouvrirai		peindrai	

pouvoir 할 수 있다	prendre 잡다		recevoir 받다		répondre 대답하다		rire 웃다	
peux	prends		reçois		réponds	défendre 막다	ris	
peux	prends		reçois		réponds	rendre 되돌려주다	ris	
peut	prend		reçoit		répond		rit	
pouvons	prenons	apprendre 배우다	recevons		répondons	prétendre 주장하다	rions	
pouvez	prenez		recevez	apercevoir 발견하다	répondez		riez	
peuvent	prennent	comprendre 이해하다	reçoivent		répondent	entendre 듣다	rient	sourire 미소짓다
		surprendre 놀라게하다		concevoir 이해하다		descendre 내려가다		
[pu]	[pris]	entreprendre 시도하다	[reçu]		[répondu]	attendre 기다리다	[ri]	
						vendre 팔다		
pourrai	prendrai		recevrai		répondrai	tendre 내밀다	rirai	

savoir 알다	sortir 외출하다		suivre 따라가다	se taire 조용히 히다	valoir 가치가 나가다
sais	sors	partir 띠니다	suis	me tais	vaux
sais	sors		suis	te tais	vaux
sait	sort	sentir 느끼다	suit	se tait	vaut
savons	sortons	servir 대접하다	suivons	nous taisons	valons
savez	sortez		suivez	vous taisez	valez
savent	sortent	dormir 자다	suivent	se taisent	valent
[su]	<sorti>	mentir 거짓말하다	[suivi]	[tu]	[valu]
saurai	sortirai	consentir 동의하다	suivrai	me tairai	vaudrai

venir 오다		vivre 살다	voir 보다	vouloir 원하다	비인칭표현
viens	devenir ～이 되다	vis	vois	veux	
viens		vis	vois	veux	
vient	revenir 다시오다	vit	voit	veut	falloir → il faut
venons	souvenir 회상하다	vivons	voyons	voulons	[il a fallu]
venez		vivez	voyez	voulez	il faudra
viennent	tenir 잡다	vivent	voient	veulent	
	obtenir 얻다				pleuvoir → il pleut
					[il a plu]
<venu>	contenir 포함하다	[vécu]	[vu]	[voulu]	il pleuvra
viendrai	retenir 붙잡다	vivrai	verrai	voudrai	

◼️ 주요 시제 만드는 법

- 직설법 현재 : 제1군 (~er) [~é] -e / -es / -e / -ons / -ez / -ent
  제2군 (~ir) [~i] -is / -is / -it / -issons / -issez / -issent
  제3군 (불규칙이므로 동일 변화 그룹별로 암기)

- 직설법 복합과거 : 조동사 avoir나 être의 현재 + 과거분사

- 직설법 단순미래 : 1,2군 동사의 원형 + -ai / -as / -a / -ons / -ez / -ont (3군 불규칙 제외)

- 직설법 전미래 : 조동사 avoir 나 être의 단순미래 + 과거분사

- 직설법 반과거 : 직설법 현재 1인칭 복수 어간 + -ais / -ais / -ait / -ions / -iez / -aient (être는 étais)

- 직설법 대과거 : 조동사의 avoir 나 être의 반과거 + 과거분사

- 조건법 현재 : 단순미래 어간 + 반과거 어미 → 예외 없음

- 접속법 현재 : 직설법 현재 3인칭 복수 어간+ -e / -es / -e / -ions / -iez / -ent
  (nous, vous는 직설법 반과거 변화와 동일)

- 단순 과거 : -ai / -as / -a / -âmes / -âtes / -èrent
  -is / -is / -it / -îmes / -îtes / -irent
  -us / -us / -ut / -ûmes / -ûtes / -urent
  -ins / -ins / -int / -înmes / -întes / -inrent